Ljubav:
Ispunjenje Zakona

Ljubav:
Ispunjenje Zakona

Dr. Džerok Li

„Ljubav ne čini zla bližnjemu;
dakle je ljubav izvršenje zakona. “

(Poslanica Rimljanima 13:10)

Nadajući se da će čitaoci posedovati Novi Jerusalim kroz duhovnu ljubav

Reklamna agencija iz Velike Britanije organizovala je kviz za javnost u kome su pitali koji je najbrži način da se putuje iz Edinburga, Škotska za London, Engleska. Oni su pripremili veliku nagradu za osobu čiji bi odgovor bio izabran. Odgovor koji je izabran je: „putovati sa voljenom osobom." Mi razumemo da ako putujemo sa voljenim osobama, čak će i duge relacije izgledati kratke. Na isti način, ako m i volimo Boga, onda nije teško da praktikujemo Njegovu Reč (1. Jovanova Poslanica 5:3). Bog nama nije dao Zakon i nije nam rekao da održavamo Njegove zapovesti kako bi nam otežavao život.

Reč „Zakon" potiče od Jevrejske reči „Tora," koja ima značenje „statuta" i „lekcije." Tora se obično odnosi na Pentateuh koji uključuje Deset Božjih Zapovesti. Ali „Zakon" se takođe odnosi na 66 knjiga Biblije kao celinu, ili samo na statute Božje koji nam govori da činimo, da ne činimo, ili da odbacimo određene stvari. Ljudi će možda misliti da Zakon i ljubav nisu povezani jedno sa drugim, ali one ne mogu biti odvojene. Ljubav pripada Bogu, i bez ljubavi prema Bogu mi ne možemo da održavamo Zakon u potpunosti. Zakon može da bude ispunjen samo kada ga praktikujemo sa ljubavlju.

Postoji priča koja nam pokazuje moć ljubavi. Mladić se srušio kada je preletao pustinju u malom avionu. Njegov otac je bio veoma bogat čovek, i on je unajmio tim za traženje i spašavanje da bi pronašao njegovog sina, ali to je bilo uzaludno. Tako da je on rasuo milion letaka u pustinji. Ono što je napisao na letku je bilo: „Sine, volim te." Sin, koji je lutao pustinjom pronašao je jedan i dobio je hrabrost koja mu je na kraju dozvolila da bude spašen. Očeva iskrena ljubav spasila je sina. Baš kao što je otac rasuo letke celom pustinjom, mi takođe imamo zadatak da širimo ljubav Božju mnogim dušama.

Bog je dokazao ljubav poslavši Njegovog jedinog rođenog

Sina Isusa na ovu zemlju da spasi ljudstvo koje je bilo grešno. Ali legalisti za vreme Isusa su se samo fokusirali na formalnostima Zakona i oni nisu razumeli iskrenu ljubav Boga. Na kraju, oni su osudili jedinog rođenog Sina Božjeg, Isusa, kao bogohulnika koji je uništavao Zakon i razapeli su ga. Oni nisu razumeli ljubav Božju usađenu u Zakonu.

U 1. Poslanici Korinćanima dobro je opisan primer „duhovne ljubavi." Ono nam govori o ljubavi Božjoj koji je poslao Njegovog jedinog rođenog Sina da nas spase koji smo osuđeni na umremo kroz grehove, i ljubav Gospoda koji nas je voleo do mere da je odbacio svu Njegovu nebesku slavu i umro na krstu. Ako mi takođe želimo da prenesemo ljubav Božju brojnim dušama koje umru na ovoj zemlji, mi moramo da razumemo ovu duhovnu ljubav i da je praktikujemo.

„Novu vam zapovest dajem da ljubite jedan drugog, kao što ja vas ljubih, da se i vi ljubite među sobom. Po tome će svi poznati da ste moji učenici, ako budete imali ljubav među sobom" (Jevanđelje po Jovanu 13:34-35).

Sada ova knjiga je izdata do mere da čitaoci mogu da provere do koje mere su kultivisali duhovnu ljubav i do koje mere su promenili sebe sa istinom. Ja se zahvaljujem Geumsun Vin, direktorki izdavačkog biroa i osoblju, i nadam se da će čitaoci ispuniti Zakon sa istinom i da će na kraju posedovati Novi Jerusalim, najlepše među nebeskim mestima boravka.

Džerok Li

Nada da će kroz istinu Božju čitaoci biti promenjeni kultivacijom savršene ljubavi.

TV stanica je sprovela istraživanja kroz upitnik udatih žena. Pitanje je bilo da li bi one želele da se udaju za istog supruga ako bi mogle da ponovo biraju muževe. Ishod je bio šokantan. Samo 4% žena je htelo da izabere istog muža. Oni su morali da se udaju za svoje muževe zato što su ih volele, i zašto su onda promenile mišljenje sada? To je zato što nisu volele sa duhovnom ljubavi. Ovo delo Ljubav: Ispunjenje Zakona će nas učiti o ovoj duhovnoj ljubavi.

1. deo knjige „Značenje Ljubavi," ukazuje na različite oblike ljubavi koje se mogu naći između supruga i supruge, roditelja i dece, između prijatelja i komšija, i time nam daje ideju u razlikama između telesne ljubavi i duhovne ljubavi. Duhovna ljubav je voleti drugu osobu sa nepromenjenim srcem i ne tražeći ništa zauzvrat. Suprotno tome, telesna ljubav se menja u različitim situacijama i okolnostima, i iz ovog razloga duhovna ljubav je dragocena i prelepa.

2. deo „Ljubav kao u poglavlju Ljubav,“ svrstava 1. Poslanicu Korinćanima u tri dela. Prvi deo: „Vrsta ljubavi kakvu Bog želi“ (1. Poslanica Korinćanima 13:1-3), je uvod u poglavlje koje stavlja značaj na važnost duhovne ljubavi. Drugi deo: „Karakteristike Ljubavi“ (1. Poslanica Korinćanima) je važan deo Poglavlja Ljubav, i govori nam o 15 osobina duhovne ljubavi. Treći deo: „Savršena Ljubav,“ je zaključak Poglavlja Ljubav, koji nam dozvoljava da spoznamo da su vera i ljubav privremeno potrebne dok marširamo ka kraljevstvu neba za vreme našeg života na ovoj zemlji, dok ljubav traje večno čak i u kraljevstvu neba.

3. deo „Ljubav je ispunjenje zakona,“ objašnjava šta je ispunjenje Zakona sa ljubavi. Ono takođe donosi ljubav Božju koja kultiviše nas ljude na ovoj zemlji i ljubav Hrista koji je otvorio put spasenja za nas.

„Poglavlje Ljubav“ je samo jedno poglavlje između 1.189 poglavlja Biblije. Ali to je poput mape blaga koja nam pokazuje gde da nađemo veliku količinu blaga jer nas do detalja uči o putu ka Novom Jerusalimu. Čak iako imamo mapu i ako znamo put, to je bez ikakve koristi ako ne idemo putem koji nam je dat. Naime, to je beskorisno ako mi ne praktikujemo duhovnu ljubav.

Bog je zadovoljan duhovnom ljubavi, i mi možemo da posedujemo ovu duhovnu ljubav do mere da smo čuli i praktikovali Reč Božju koja je istina. Jednom kada posedujemo duhovnu ljubav, mi možemo da dobijemo Božju ljubav i blagoslove, i možemo na kraju da uđemo u Novi Jerusalim, najlepše mesto boravka na Nebu. Ljubav je glavna svrha Božjeg stvaranja čoveka i njegove kultivacije. Ja se molim da će svi čitaoci voleti prvo Boga i da će voleti svoje komšije kao sebe same kako bi mogli da dobiju ključeve da otvore bisernu kapiju Novog Jerusalima.

Geumsun Vin
direktorka Izdavačkog biroa

„I ako volite one koji vas vole, kakva vam je hvala? Jer i grešnici vole one koji njih vole. "

Jevanđelje po Luki 6:32

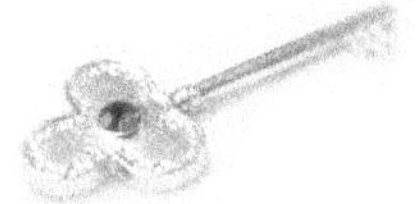

1. deo

Značenje Ljubavi

Poglavlje 1 : Duhovna ljubav

Poglavlje 2 : Telesna ljubav

Duhovna ljubav

„ Ljubazni, da ljubimo jedan drugog, jer je ljubav od Boga; i svaki koji ima ljubav od Boga je rođen i poznaje Boga. A koji nema ljubavi ne pozna Boga, jer je Bog ljubav. "

(1. Poslanica po Jovanu 4:7-8)

Samo kada čujemo reč „ljubav," to čini da naše srce bije i naše misli da odlete. Ako mi možemo da volimo nekoga i delimo iskrenu ljubav celog našeg života, to će biti život koji je ispunjen srećom do najvećeg stepena. Ponekad mi slušamo o ljudima koji su prevazišli situacije kao što je sama smrt i učinili su svoje živote prelepim kroz moć ljubavi. Ljubav je potreba u vođenju srećnog života; ona ima veliku moć da promeni naše živote.

Rečnik Merriam-Webster's Online objašnjava ljubav kao „jaku privrženost koja proizilazi iz srodstva ili ličnih veza" ili kao „naklonost na osnovu divljenja, dobronamernosti ili zajedničkih interesa." Ali vrsta ljubavi o kojoj Bog govori je ljubav na višem nivou, što je duhovna ljubav. Duhovna ljubav traži korist drugih; ona daje radost, nadu i život njima i nikada se ne menja. Šta više, ona ne koristi nama samo za vreme ovog privremenog, zemaljskog života već vodi naše duše ka spasenju i daje nam večni život.

Priča o ženi
koja je usmerila svog supruga ka crkvi

Postojala je žena koja je bila verna u svom životu kao hrišćanka. Ali njen suprug nije voleo što je ona išla u crkvu i otežavao joj je vreme. Čak i u takvim nevoljama ona je u zoru išla na molitvene sastanke svakoga dana i molila se za supruga. Jednog dana, ona je otišla da se moli rano ujutru noseći muževljeve cipele. Držeći cipele u svom naručju, ona se sa suzama molila: „Bože, danas, samo su ove cipele došle u crkvu, ali sledeći put, dozvoli vlasniku ovih cipela da takođe dođe u crkvu."

Posle nekog vremena nešto neverovatno se dogodilo. Suprug je došao u crkvu. Ovaj deo priče ide ovako: Do određene tačke u vremenu, kada god bi muž napuštao kuću zbog posla, on bi osetio toplinu u cipelama. I jednog dana, on je video da njegova žena ide negde sa njegovim cipelama pa je pratio. Ona je otišla u crkvu.

On je bio uznemiren, ali nije mogao da prevaziđe radoznalost. On je morao da sazna šta je ona radila u crkvi sa njegovim cipelama. Kako je on tiho ušao u crkvu, njegova žena se molila dok je držala njegove cipele čvrsto u njenom zagrljaju. On je osluškivao molitvu, a svaka reč u molitvi je bila za njegovo dobro i za blagoslove. Njegovo srce je bilo dirnuto i on nije mogao a da se ne oseća žalosno zbog načina na koji se ophodio prema njegovoj ženi. Na kraju, suprug je bio dirnut ljubavi od svoje žene i postao je pobožan hrišćanin.

Većina žena u ovoj vrsti situacija bi tražila od mene da se molim za njih, govoreći mi: „Moj suprug mi otežava samo zato što ja dolazim u crkvu. Molim vas molite se za mene da moj suprug prestane da me osuđuje.“ Ali ja bi odgovorio: „Brzo postani i dođi u duh. To je način da rešiš svoj problem.“ One bi davale još više duhovne ljubavi svojim muževima do mere da su odbacile grehove i došle u duhu. Koji će muž otežavati svojoj ženi koja je posvećena i koja ga služi svim srcem?

U prošlosti, žene bi svu sramotu prebacivale na muževe, ali sada promenjene u istini, one će priznati da su one krive i pokoriće sebe. Onda, duhovna svetlost će isterati tamu i muž može da bude takođe promenjen. Ko bi se molio za drugu osobu koja mu daje poteškoće? Ko će žrtvovati sebe zbog zanemarenih komšija i širiti iskrenu ljubav za njih? Deca Božja koja su naučila iskrenu ljubav Gospoda mogu da prenesu takvu ljubav na druge.

Nepromenljiva ljubav i prijateljstvo Davida i Jonatana

Jonatan je bio sin Saula, prvog kralja Izraela. Kada je video da je David oborio praćkom i kamenom šampiona Filistejca, Golijata, on je znao da je David bio ratnik nad kojim je došao Božji duh. Biti sam general armije, Jonatanovo srce je bilo osvojeno Davidovom hrabrošću. Od tog vremena pa nadalje Jonatan je voleo Davida kao samog sebe i oni su počeli da izgrađuju veoma jaku vezu u prijateljstvu. Jonatan je voleo veoma mnogo Davida i nije štedeo ništa što je bilo za Davida.

I kad svrši razgovor sa Saulom, duša Jonatanova prionu za dušu Davidovu, i Jonatan ga zapazi kao svoju dušu. I uze ga Saul taj dan, i ne dade mu da se vrati kući oca svog. I Jonatan učini veru s Davidom, jer ga ljubljaše kao svoju dušu. I skide Jonatan sa sebe plašt, koji nošaše, i dade ga Davidu, i odelo svoje i mač svoj i luk svoj i pojas svoj (1. Samuelova Poslanica 18:1-4).

Jonatan je bio naslednik prestola zato što je bio prvi sin Kralja Saula, i on je lako mogao da mrzi Davida zato što je David mnogo bio voljen od ljudi. Ali on nije imao nikakvu želju za titulom kralja. Ali radije nego Saul koji je pokušavao da ubije Davida da bi zadržao svoj presto, Jonatan je rizikovao sopstveni život da bi spasao Davida. Ovakva ljubav se nikada ne menja do smrti. Kada je Jonatan poginuo u borbi u Gelvui, David je plakao, tugovao i postio sve do večeri.

Žao mi je za tobom, brate Jonatane; bio si mi mio vrlo; Veća mi je bila ljubav tvoja od ljubavi ženske (2. Samuelova Poslanica 1:26).

Nakon što je David postao kralj, on je pronašao Mefivosteja jedinog sina Jonatana, vratio je njemu sve nekretnine od Saula, i brinuo se o njemu kao o svom sinu u palati (2. Samuelova Poslanica 9). Ovako, duhovna ljubav je voleti drugu osobu sa nepromenljivim srcem i celim svojim životom, čak iako to sebi ne stvara nikakvu korist već radije uzrokuje štetu sebi. Biti samo dobar sa nadom da ćete dobiti nešto zauzvrat nije iskrena ljubav. Duhovna ljubav je žrtvovati sebe i nastaviti da dajete drugima bezuslovno, sa čistom i iskrenom namerom.

Nepromenljiva ljubav Božja i Gospodova prema nama

Većina ljudi iskusi srceparajući bol zbog telesne ljubavi u njihovim životima. Kada mi imamo bol i osećamo se usamljeno zbog ljubavi koja se lako menja, postoji neko ko nam ugađa i postaje naš prijatelj. On je Gospod. On je preziran i odbačen od ljudi čak iako je On nevin (Isaija 53:3), tako da On razume naša srca veoma dobro. On ostavlja Njegovu nebesku slavu i dolazi dole na zemlju da uzme put patnje. Da bi učinio tako On postaje naš iskreni utešitelj i prijatelj. On nam je dao iskrenu ljubav sve dok nije On umro na krstu.

Pre nego što sam postao vernik u Boga, ja sam patio od mnogih bolesti i temeljno sam iskusio bol i usamljenost koju je uzrokovalo siromaštvo. Nakon što sam bio bolestan sedam dugih godina, sve što sam mogao da ostavim je bolesno telo, sve veći dugovi, osuđivanje od ljudi, usamljenost i očaj. Svi oni kojima sam verovao i koje sam voleo su me ostavili. Ali neko je došao kod mene kada sam se osećao potpuno samo u celom univerzumu. Bio je to Bog. Kako sam sreo Boga, ja sam bio izlečen od svih mojih bolesti odjednom i počeo sam da živim novi život.

Ljubav koju mi je Bog dao je bila je besplatan dar. Nisam Njega odmah u početku voleo. On je najpre došao kod mene i ispružio Njegove ruke ka meni. Kako sam počeo da čitam Bibliju, mogao sam da čujem dokaz Božje ljubavi prema meni.

Može li žena zaboraviti porod svoj da se ne smiluje na čedo utrobe svoje? A da bi ga i zaboravila, ja neću zaboraviti tebe. Gle, na dlanovima sam te izrezao; zidovi su tvoji jednako preda mnom (Isaija 49:15-16).

7

Po tom se pokaza ljubav Božija k nama što Bog Sina svog Jedinorodnog posla na svet da živimo kroza Nj. U ovom je ljubav ne da mi pokazasmo ljubav k Bogu, nego da On pokaza ljubav k nama, i posla Sina svog da očisti grehe naše (1. Jovanova Poslanica 4:9-10).

Bog me nije napustio čak i kada sam se borio u svojim patnjama nakon što su me svi napustili. Kada sam osetio Njegovu ljubav, ja nisam mogao da zaustavim suze koje su mi lile iz očiju. Ja sam mogao da osetim da je Božja ljubav iskrena zbog bolova koje sam iskusio. Sada, ja sam postao pastor, sluga Božji, da tešim srca mnogih duša i da uzvratim milost Božju koja mi je data.

Bog je sama ljubav. On je poslao Njegovog rođenog Sina na ovu zemlju zbog nas koji smo grešnici. I on nas očekuje da dođemo u kraljevstvo Neba gde je stavio toliko mnogo prelepih i dragocenih stvari. Mi možemo da osetimo tako delikatnu i obilnu ljubav Božju kada bi otvorili naša srca samo malo.

Jer šta se na Njemu ne može videti, od postanja sveta moglo se poznati i videti na stvorenjima, i Njegova večna sila i božanstvo, da nemaju izgovora (Poslanica Rimljanima 1:20).

Zašto ne mislite samo o prelepoj prirodi? Plavo nebo, bistro more i svo drveće i biljke su stvari koje je Bog napravio za nas da dok živimo ovde na zemlji možemo da imamo nadu za kraljevstvo neba sve dok tamo ne stignemo.

Od talasa koji zapljuskuju obalu; zvezda koje trepere kao da igraju; glasna grmljavina velikih vodopada; i pored povetarca koji prolazi uz nas, mi možemo da osetimo dah Boga koji nam govori „Volim te.“ Pošto smo izabrani kao deca od ovog voljenog Boga, koju vrstu ljubavi bi mi trebali da imamo? Mi moramo da imamo večnu i iskrenu ljubav a ne beznačajnu ljubav koja se menja kada nam situacija ne ide u korist.

Telesna ljubav

,,I ako volite one koji vas vole, kakva vam je hvala? Jer i grešnici vole one koji njih vole. "

Jevanđelje po Luki 6:32

Čovek stoji ispred velike mase ljudi, okrenut ka moru Galilejskom. Plavi talasi na moru iza Njega izgledaju kao da igraju na mekom povetarcu iza Njega. Svi ljudi su ućutali da bi slušali Njegove reči. Masi ljudi koji su sedeli ovde i tamo na malom brdašcu, On je govorio da treba da postanu svetlost i so ove zemlje da vole svoje neprijatelje, sa nežnim a pak odlučnim tonom.

Jer ako ljubite one koji vas ljube, kakvu platu imate? Ne čine li to i carinici? I ako Boga nazivate samo svojoj braći, šta odviše činite? Ne čine li tako i neznabošci? (Jevanđelje po Mateju 5:46-47)

Kako je Isus govorio, nevernici i čak i oni koji su bili zlobni mogli su da pokažu ljubav prema onima koji su bili dobri prema njima i prema onima koji su im bili od koristi. Postoji takođe i lažna ljubav, koja se čini dobrom sa spolja ali nije iskrena iznutra. To je telesna ljubav koja nakon nekog vremena menja i ona lomi i razdvaja kao ishod čak i nevažne stvari.

Telesna ljubav može svakog momenta da se promeni kako vreme prolazi. Ako se situacija menja ili ako se uslovi menjaju, telesna ljubav se menja. Ljudi nastoje da promene svoje stavove u skladu sa napretkom i dobijenom koristi. Ljudi daju samo onda nakon što najpre prime nešto od drugih, ili daju onda samo ako vide da će davanje njima biti od koristi. Ako mi dajemo i želimo da dobijemo istu vrednost zauzvrat, ili ako se osećamo razočarano kada nam drugi ne daju ništa zauzvrat, to je takođe zato što imamo telesnu ljubav.

Telesna ljubav

Ljubav između roditelja i dece

Ljubav roditelja koji nastavljaju da daju svojoj deci dotiče srca mnogih. Roditelji ne kažu da je teško brinuti se o svojoj deci sa svim svojim mislima zato što oni vole svoju decu. Obično je želja roditelja da daju dobre stvari svojoj deci čak iako to znači da oni ne mogu da jedu dobre stvari ili da nose dobru odeću. Ali, postoji ipak ugao u srcu roditelja koja vole svoju decu gde oni takođe teže ka svojoj koristi.

Ako oni zaista vole svoju decu, oni bi trebali da daju čak i svoje živote bez da traže nešto zauzvrat. Ali postoje mnogi roditelji koji podižu svoju decu zbog svoje koristi i poštovanja. Oni govore: „Ja ti kažem ovo za tvoje dobro,“ ali u stvari oni pokušavaju da kontrolišu svoju decu na način da bi ispunili svoje želje zbog ugleda, ili takođe zbog novčane koristi. Kada deca odaberu svoju karijeru ili se ožene, ako oni odaberu put ili supružnika sa kojim se roditelji ne slažu, oni se tome veoma protive i postaju razočarani. To dokazuje da je njihova odanost i požrtvovanost za njihovu decu bila, nakon svega, uslovna. Oni pokušavaju da dobiju ono što žele kroz svoju decu u zamenu za ljubav koja im je data.

Dečija ljubav je obično mnogo manja za razliku od roditeljske. Korejanska izreka kaže: „Ako roditelji pate od bolesti duže vreme, sva deca će napustiti njihove roditelje.“ Ako su roditelji bolesni i stari i ako nema šanse za oporavak, i ako deca treba da brinu o njima, oni osećaju da je mnogo teže da se suoče sa situacijom. Kada su oni mala deca, oni čak i kažu nešto slično: „Ja se neću oženiti i ja ću samo živeti sa vama, oče i majko.“ Oni će možda mislite da zaista žele da ostatak života žive sa svojim roditeljima. Ali kako odrastaju, oni postaju sve više nezainteresovani za svoje roditelje zato što su zauzeti zarađujući za život. Ljudska srca su tako neosetljiva u grehovima u ovim danima, i zlo je tako rasprostranjeno da nekada roditelji ubijaju svoju decu ili deca ubijaju svoje roditelje.

Ljubav između muža i žene

Šta je sa ljubavlju među oženjenim parovima? Kada se oni zabavljaju, oni govore sve slatke reči poput: „Ja ne mogu da živim bez tebe. Voleću te zauvek." Ali šta se događa nakon što se venčaju? Oni vređaju svoje supružnike i govore: „Ja ne mogu da živim svoj život zbog tebe. Ti me varaš."

Oni su navikli da priznaju svoju ljubav jedan prema drugome, ali nakon venčavanja, oni često spominju razdvajanje ili razvod samo zato što misle da se njihova porodična pozadina, obrazovanje ili ličnosti ne slažu. Ako hrana nije dobra kao što je to supružnik hteo da bude, on se žali svojoj ženi govoreći joj: „Kakva je ovo hrana? Nema ništa za jelo!" Takođe, ako suprug ne zarađuje dovoljno novca, žena prigovara njenom mužu govoreći stvari kao što su: „Suprug moje prijateljice je već unapređen kao direktor i drugi kao izvršni službenik... Kada ćeš ti biti unapređen...i drugi moj prijatelj je kupio veću kuću i novi automobil, a šta je sa nama? Kada ćemo mi imati bolje stvari?"

U statistikama porodičnog nasilja u porodicama u Koreji, skoro polovina venčanih parova koristi nasilje nad svojim supružnicima. Toliko mnogo parova izgubi prvu ljubav koju su imali, i sada dolaze do toga da mrze i svađaju se jedni sa drugima. U današnje vreme, postoje neki parovi koji raskidaju za vreme medenog meseca! Prosečno trajanje od vremena venčanja do razvoda postaje takođe kraće. Oni su mislili da vole svoje supružnike veoma mnogo, ali kako žive zajedno oni vide negativne tačke jedno u drugome. Zato što su njihovi načini razmišljanja i ukusa različiti, oni su konstantno u sukobima od jedne stvari do druge. Kako oni ovo čine, sve njihove emocije za koje su mislili da je ljubav su se ohladile.

Čak iako nemaju jasne nevolje jedno sa drugim, oni postaju naviknuti jedno na drugo i emocije prve ljubavi se hlade kako vreme prolazi. Onda, oni okreću poglede ka drugom čoveku ili ženi. Suprug je razočaran svojom ženom koja izgleda nespremno ujutru, i kako ona stari i dobija više na težini, on smatra da ona više nije šarmantna. Ljubav treba da postane buđenje kako vreme prolazi, ali u većini slučajeva nije. Nakon svega, promena u njima podržava činjenicu da je ova ljubav bila telesna koja je težila samo svojoj koristi.

Ljubav između braće

Braća i sestre koji su rođeni od istih roditelja i odgajani zajedno trebali bi da budu bliži jedan drugome za razliku od drugih ljudi. Oni mogu da se oslone jedan na drugog u mnogim stvarima jer su delili mnogo stvari i sakupili su ljubav jedno za drugoga. Ali neka braća i sestre imaju osećaj u takmičenju između njih i postaju ljubomorni na drugu braću i sestre.

Prvorođeno može da ima osećaj od roditelja da ljubav koja je namenjena da se da njima je sada oduzeta i data je mlađem bratu ili sestri. Drugo dete može da se oseti nestabilno zato što može da oseti da su privrženi starijem bratu ili starijoj sestri. Ona braća ili sestre koji imaju starijeg ili mlađeg brata ili sestru mogu obojica da se osete potčinjeno naspram svojih starijih i opterećeni su da moraju da viču na svoje mlađe. Oni takođe mogu da imaju osećaj da su prevareni zato što ne privlače nikakvu pažnju od svojih roditelja. Ako se braća i sestre ne suoče sa takvim emocijama na pravi način, oni lako mogu da imaju neugodne odnose sa svojom braćom i sestrama.

Prvo ubistvo u ljudskom čovečanstvu je takođe izvedeno između braće. Ono je bilo uzrokovano zbog Kainove ljubomore nad svojim bratom Aveljom a ticalo se Božjih blagoslova. Čak još od tog vremena, postojalo je mnogo učestalih otimanja i borbi između braće i sestara kroz ljudsku istoriju. Josif je bio omrznut od strane brata i prodat je kao rob u Egiptu. Davidov sin Avesalom, dao je da jedan od njegovih ljudi ubije njegovog sopstvenog brata Amnona. Danas, mnogo braće i sestre se bore između sebe zbog nasledstva novca svojih roditelja. Oni postaju kao neprijatelji jedan prema drugome.

Iako ne tako ozbiljno kao što je gore pomenuto, kako se oni venčavaju i započinju sopstvene porodice, oni ne mogu više da obrate pažnju na svoju braću i sestre kao ranije. Ja sam rođen kao poslednji sin među šestoro braće i sestara. Bio voljen od starije braće i sestara veoma mnogo, ali kada sam bio vezan za krevet sedam dugih godina zbog raznih bolesti, situacija se promenila.

Postao sam veliki teret njima. Oni su pokušavali da izleče moju bolest do neke mere, ali kada se činilo da nada više ne postoji, oni su počeli da meni okreću leđa.

Ljubav između komšija

Ljudi Koreje imaju izraz: „Komšije rođaci." To znači da naše komšije su toliko bliske kao članovi porodice. Kada su se mnogi ljudi bavili poljoprivredom u prošlosti, komšije su bile dragocena bića koji bi pomagali jedni drugima. Ali ovaj izraz postaje sve više i više neistinit. U današnje vreme, ljudi drže svoja vrata zatvorena i zaključana, čak i ka svojim komšijama. Mi čak koristimo i sisteme velike zaštite. Ljudi čak i ne znaju ko živi na sledećim vratima.

Oni ne mare o drugima i nemaju nameru da saznaju ko su njihove komšije. Oni imaju razumevanje samo za sebe i samo njihovi neposredni članovi porodice su njima bitni. Oni ne veruju jedni drugima. Takođe, ako oni osete da njihove komšije uzrokuju bilo koju vrstu neprilika, oštećuju ili ih ugrožavaju, oni se ne uzdržavaju da ih proganjaju ili čak da se biju sa njima. Danas, postoje mnogi ljudi koji su komšije a sude jedan drugoga na besmislene načine. Postojala je osoba koja je izbola nožem svojeg komšiju koji je živeo sprat više u stanu zbog buke koje je pravio.

Ljubav između prijatelja

Tako da onda, šta je sa ljubavlju među prijateljima? Vi ćete možda misliti da određeni prijatelj će uvek stajati na vašoj strani. Ali, čak iako nekoga smatrate prijateljem on može da vas izda i da vas ostavi slomljenog srca.

U nekim slučajevima, osoba će pitati prijatelje da mu pozajme pozamašnu sumu novca ili da postanu njegovi žiranti zato što je pred bankrotom. Ako prijatelji odbiju, on kaže da je bio izdat i nikada više ne želi da ih vidi. Ali ko je ovde u stvari pogrešio?

Ako vi zaista volite vašeg prijatelja, vi ne možete da uzrokujete bol tom prijatelju. Ako vi treba da bankrotirate i ako vaši prijatelji vama postanu žiranti, onda je sigurno da vaši prijatelj i članovi njihovih porodica mogu patiti sa vama. Da li je ljubav da učinite da vaši prijatelji prolaze kroz takve rizike? To nije ljubav. Ali danas, takve stvari se dešavaju veoma često. Šta više, Božja Reč nam zabranjuje da pozajmljujemo i da uzajmljujemo novac i da budemo garanti ili da postanemo žirant svakome. Kada se ne povinujemo takvim rečima Božjim,, u većini slučajeva tu će postojati dela Sotone i svi oni koji su učesnici biće oštećeni.

Sine moj, kad se podjemčiš za prijatelja svog, i daš ruku svoju tuđincu, vezao si se rečima usta svojih, uhvatio si se rečima usta svojih (Poslovice 6:1-2).

Ne budi od onih koji ruku daju, koji se jamče za dugove (Poslovice 22:26).

Neki ljudi misle da je mudro da se načine prijateljstva bazirana na time šta mogu da sakupe od njih. Činjenica je da je danas veoma teško da se nađe osoba koja samovoljno daje svoje vreme, napor i novac sa iskrenom ljubavi za njegove komšije ili prijatelje.

17

Ja sam imao mnogo prijatelja još iz detinjstva. Pre nego što sam postao vernik u Bogu, smatrao sam da je vernost u prijatelje kao moj život. Mislio sam da će naše prijateljstvo trajati zauvek. Ali dok sam bio bolestan u postelji dugo vremena, konačno sam shvatio da se ova ljubav između prijatelja takođe promenila u skladu sa njihovim koristima.

Prvo, moji prijatelji su obavili neka istraživanja da bi našli dobre doktore ili prirodne lekove i odveli su me njima, ali kad se nisam oporavio ni malo, oni su me jedan po jedan ostavljali. Kasnije, jedini prijatelji koje sam imao bili su moji prijatelji za kocku i alkohol. Čak i ti prijatelji nisu dolazili kod mene jer su me voleli, već samo zato što im je bilo potrebno mesto da negde ostanu. Čak i u telesnoj ljubavi oni govore da vole jedni druge, ali kasnije se to promenilo.

Koliko bi bilo dobro kada ne bi roditelji i deca, braća i sestre, prijatelji i komšije nikada tražili svoju korist i nikada ne bi promenili njihov stav? Ako je ovo slučaj, to znači da oni imaju duhovnu ljubav. Ali u većini slučajeva, oni nemaju ovu duhovnu ljubav i oni ne mogu da pronađu iskreno zadovoljstvo u ovome. Oni traže ljubav od svojih članova porodice i ljudi oko njih. Ali kako nastavljaju da ovo rade, oni će samo postati još žedniji ljubavi, kao kad bi pili morsku vodu da utole svoju žeđ.

Blejz Paskal (Blaise Pascal) je rekao da postoji vakum Božjeg oblika u srcu svakog čoveka koje ne može biti ispunjeno ni sa jednom napravljenom stvari, već samo Bogom, dobro poznatim kroz Isusa. Mi ne možemo da osetimo iskreno zadovoljstvo i mi patimo sa osećanjem beznačajnosti ukoliko taj prostor nije ispunjen Božjom ljubavlju. Onda, da li ovo znači da na ovoj zemlji ne postoji duhovna ljubav koja se nikada ne menja? Ne, ne znači. To nije zajedničko, već duhovna ljubav zaista postoji. 1. Poslanica Korinćanima poglavlje 13 nam izričito govori o iskrenoj ljubavi.

Ljubav dugo trpi, milokrvna je; ljubav ne zavidi; ljubav se ne veliča, ne nadima se; ne čini šta ne valja, ne traži svoje, ne srdi se, ne misli o zlu, ne raduje se nepravdi, a raduje se istini; sve snosi, sve veruje, svemu se nada, sve trpi (1. Poslanica Korinćanima 13:4-7).

Bog naziva ovu vrstu ljubavi duhovnom i iskrenom ljubavi. Ako mi znamo ljubav Božju i postanemo promenjeni sa istinom, mi možemo da imamo duhovnu ljubav. Dozvolite nam da imamo duhovnu ljubav sa kojom mi možemo da volimo jedni druge sa svim našim srcem i nepromenljivim stavom, čak iako nam to ne donosi korist i nas dovodi do ugrožavanja.

Postoje ljudi koji pogrešno veruju da oni vole Boga. Kako bi saznali do koje mere smo kultivisali iskrenu duhovnu ljubav Božju, mi možemo da ispitamo emocije i dela koja smo imali kada prolazimo kroz testove pročišćavanja, iskušenja i poteškoća. Mi možemo da proverimo sebe do koje mere smo kultivisali iskrenu ljubav, proveravajući da li smo se ili ne radovali i davali zahvalnost iz dubine naših srca i da li smo ili ne konstantno pratili volju Boga.

Ako se mi žalimo i bunimo u situacijama i ako tražimo svetske metode i oslanjamo se na ljude, to znači da mi nemamo duhovnu ljubav. To samo dokazuje da je naše znanje o Bogu samo znanje iz glave, a ne znanje koje smo usadili i kultivisali u našim srcima. Baš kao što falsifikovana novčanica izgleda kao pravi novac a ipak je to samo parče papira, ljubav koja je poznata samo kao znanje nije iskrena ljubav. Ona je bez vrednosti. Ako se naša ljubav prema Gospodu ne promeni i ako se mi oslanjamo na Boga u svakoj situaciji i u svakim nevoljama, onda mi možemo da kažemo da smo kultivisali iskrenu ljubav koja je duhovna ljubav.

Načini da
se proveri
duhovna ljubav

,,A sad ostaje vera, nada, ljubav, ovo troje; ali je ljubav najveća među njima.“

1. Poslanica Korinćanima 13:13

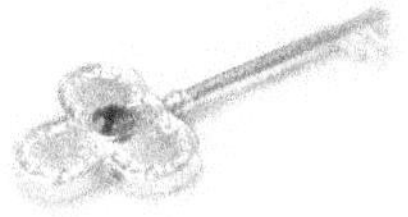

2. deo

Ljubav kao u poglavlju Ljubav

Vrsta ljubavi kakvu Bog želi

„Ako jezike čovečije i anđeoske govorim a ljubavi nemam, onda sam kao zvono koje zvoni, ili praporac koji zveči. I ako imam proroštvo i znam sve tajne i sva znanja, i ako imam svu veru da i gore premeštam, a ljubavi nemam, ništa sam. I ako razdam sve imanje svoje, i ako predam telo svoje da se sažeže, a ljubavi nemam, ništa mi ne pomaže. "

1. Poslanica Korinćanima 13:1-3

Sledeći je incident koji se dogodio u jednom sirotištu u Južnoj Africi. Deca su postajala jedno po jedno sve više bolesnija, i broj je takođe narastao. Ali oni nisu mogli da nađu određeni razlog njihove bolesti. Sirotište je pozvalo neke poznate lekare da bi im uspostavilo dijagnozu. Nakon temeljnog istraživanja, lekari su rekli: „Dok su još budni, zagrlite decu i izrazite ljubav prema njima desetak minuta.“

Na njihovo iznenađenje, bolest je bez ikakvog razloga počela da nestaje. To je zato što je topla ljubav bila potrebna deci više nego išta. Čak iako mi nemamo briga zbog životnih troškova i živimo život u izobilju, bez ljubavi mi ne možemo da imamo nadu života ili volju za životom. Može se reći da je ljubav veoma važan faktor u našim životima.

Važnost duhovne ljubavi

Trinaesto Poglavlje 1. Poslanice Korinćanima, koje je nazvano Poglavljem Ljubav, najpre ističe važnost ljubavi pre nego što ustvari objašnjava duhovnu ljubav do detalja. To je zato što ako govorimo jezicima ljudskim i anđeoskim, a nemamo ljubav, onda postajemo kao glasni gong ili zvono cimbala.

„Ljudski jezik“ se ne odnosi na govor jezicima kao o darovima Svetog Duha. To se odnosi na sve ljudske jezike koji žive na Zemlji kao što su Engleski, Japanski, Francuski, Ruski itd. Civilizacija i znanje su uređeni i prenose se putem jezika, a ipak mi možemo da kažemo da je moć jezika veoma velika. Sa jezikom mi takođe možemo da izrazimo i prenesemo naše emocije i misli tako da mi možemo da uveravamo i dotičemo srca mnogih. Jezik ljudi ima moć da dotakne ljude i moć da ispuni mnoge stvari.

„Jezik anđela" se odnosi na prelepe reči. Anđeli su duhovna bića i oni su predstavljeni kao „lepota." Kada neki drugi ljudi govore lepim rečima i lepim glasom, ljudi ih opisuju kao da su anđeoski. Ali Bog govori da su ljudske reči ili prelepe reči kao anđeli koji su kao poput glasnog gonga ili zvona cimbala bez ljubavi (1. Poslanica Korinćanima 13:1).

U stvari, dobro parče čelika ili bakra ne odaje glasan zvuk kada ga udarimo. Ako parče bakra odaje glasan zvuk, to znači da je šuplje iznutra ili da je tanko i lagano. Cimbala daju jak zvuk zato što su napravljena od tankih delova bakra. To je isto sa ljudima. Mi imamo vrednost uporedljivu sa pšenicom sa punom glavicom žita samo onda kada postanemo iskreni sinovi i kćeri Boga ispunjavajući naša srca ljubavlju. U suprotnom, oni koji nemaju ljubav su kao poput prazne slame. Zašto je to tako?

1. Jovanova Poslanica 4:7-8 govori: „Ljubazni! Da ljubimo jedan drugog; jer je ljubav od Boga, i svaki koji ima ljubav od Boga je rođen, i poznaje Boga. A koji nema ljubavi ne pozna Boga, jer je Bog ljubav." Naime, oni koji nemaju ljubav nemaju ništa sa Bogom, i oni su poput žita koje nema zrna u sebi.

Reči takvih ljudi su bez vrednosti iako su ubedljivi i prelepi, jer oni ne mogu da daju iskrenu ljubav ili život drugima. Ali oni mogu samo da uzrokuju neugodnost drugim ljudima kao glasan gong ili zvono cimbala, jer su oni svetlost i praznina iznutra. Sa

Ljubav: Ispunjenje Zakona

druge strane, reči koje sadrže ljubav imaju neverovatnu moć u davanju života. Mi možemo da pronađemo takav dokaz u Isusovom životu.

Značajna ljubav daje život

Jednog dana Isus je podučavao u Hramu, i pisari i Fariseji su doveli ženu ispred Njega. Ona je bila uhvaćena u činu preljube. Čak ni trunka saosećanja nije mogla da bude pronađena u očima tih pisara i Fariseja koji su doveli ženu tamo.

Oni su rekli Isusu: „Učitelju! Ova je žena uhvaćena sad u preljubi. A Mojsije nam u zakonu zapovedi da takve kamenjem ubijamo; a Ti šta veliš?" (Jevanđelje po Jovanu 8:4-5)

Zakon i Izraelu je Reč i Zakon Božji. Ono ima klauzulu koja govori da preljubnici moraju biti kamenovani do smrti. Da je Isus rekao da moraju da je kamenuju u skladu sa Zakonom, to bi značilo da On protivreči Njegovim sopstvenim rečima, jer je On učio ljude da vole čak i svoje neprijatelje. Da je On rekao da joj oproste, to bi bilo jasno suprotstavljanje Zakonu. To bi bilo ustati protiv Reči Božje.

Pisari i fariseju su bili ponosni na sebe misleći da sada imaju priliku da obore Isusa. Poznavajući njihova srca veoma dobro, Isus se samo zaustavio i ispisao je nešto dole na zemlji njegovim prstom. Onda, On ustaje i govori: „Koji je među vama bez greha neka najpre baci kamen na nju" (Jevanđelje po Jovanu 8:7).

Kada se Isus još jednom ponovo zaustavio i zapisao Njegovim

prstom na zemlji, ljudi su odlazili jedan po jedan, i samo žena i Isus Sam su ostali. Isus je spasao život ove žene bez da je ugrozio Zakon.

Uz to, ono što su pisari i Fariseji govorili nije bilo pogrešno jer su jednostavno navodili ono što je Zakon Božji govorio. Ali namera u njihovim rečima se mnogo razlikovala od one od Isusa. Oni su pokušavali da ugroze druge dok je Isus pokušavao da spase dušu.

Ako m i imamo ovu vrstu srca Isusa, mi ćemo se moliti misleći sa kojom vrstom reči mi možemo da damo snagu drugima da bi ih poveli ka istini. Mi ćemo pokušati da damo život sa svakom izgovorenom reči. Poneki ljudi pokušavaju da nagovore druge sa Reči Božjom ili pokušavaju da isprave tuđe ljudske strahove ukazujući im na njihove prečice i mane za koje misle da nisu dobre. Čak iako su takve reči ispravne, oni ne mogu da izazovu promene kod drugih ljudi ili da im daju život, sve dok reči nisu izgovorene iz ljubavi.

Prema tome, mi treba da uvek proveravamo sebe da li govorimo sa sopstvenom pravednosti i uokvirenih misli, ili su naše reči iz ljubavi da bi dali život drugima. Radije nego slatkorečive reči, reč koja sadrži duhovnu ljubav može da postane voda života koja gasi žeđ žednih duša, i dragoceno drago kamenje koje daje radost dušama u bolovima.

Ljubav sa delima žrtvovanja sebe

Uopšteno „proroštvo“ se odnosi na razgovor o budućim događajima. U biblijskom smislu to je dobiti srce Boga sa inspiracijom Svetog Duha zbog određene namere da se govori o budućim događajima. Proroštvo nije nešto što može biti učinjeno u skladu sa ljudskom voljom. 2. Petrova Poslanica 1:21 govori: „...jer nikad proroštvo ne bi od čovečije volje, nego naučeni od Svetog Duha govoriše sveti Božiji ljudi.“ Ovaj dar proroštva nije nasumice dat baš svakome. Bog ne daje ovaj dar osobi koja nije postala posvećena, zato što bi mogla da postane arogantna.

„Dar proroštva“ kao u poglavlju duhovne ljubavi nije dar koji je dat nekoliko specijalnim ljudima. To znači da svako ko veruje u Isusa Hrista i boravi u istini može da previđa i da govori o budućnosti. Naime, kada se Gospod vrati u vazduhu, oni spašeni biće uhvaćeni u vazduhu i učestvovaće u Sedmogodišnjem svadbenom venčanju, dok oni koji nisu spašeni će patiti u Sedmogodišnjem Velikom Stradanju na ovoj zemlji i pašće u Pakao nakon Suda Velikog Belog trona. Ali čak iako sva deca Božja imaju darove proroštva na ovaj način „da govore o budućim događajima,“ nemaju svi oni duhovnu ljubav. Posle svega, ako oni nemaju duhovnu ljubav, oni će promeniti svoje stavove prateći svoje sopstvene potrebe, i prema tome dar proroštva njima neće biti od koristi u ničemu. Sam dar ne može da se nastavi niti da prevaziđe ljubav.

„Misterija“ se ovde odnosi na tajnu koja je bila skrivena pre vremena, što je reč sa krsta (1. Poslanica Korinćanima 1:18). Reč sa krsta je proviđenje za ljudsko spasenje, koje je bilo stvoreno od Boga pre vremena pod Njegovom vlašću. Bog je znao da će čovek da počini greh i da će pasti na put smrti. Iz ovog razloga On je spremio Isusa Hrista koji će postati Spasitelj čak i pre vremena. Sve dok ovo proviđenje nije ispunjeno, Bog je čuvao tajnu. Zbog čega je On to učinio? Da je put spasenja bio poznat, on ne bi bio ispunjen zbog ometanja neprijatelja đavola i Sotone (1. Poslanica Korinćanima). Neprijatelj đavo i Sotona su mislili da će zauvek zadržati vlast koju su primili od Adama ako ubiju Isusa. Ali, to je bilo zato što su nagovorili zle ljude da ubiju Isusa i put spasenja se otvorio! Međutim, iako mi znamo tako veliku misteriju, i da bi imali takvo znanje ne bi nam ništa koristilo ako nemamo duhovnu ljubav.

To je isto i sa znanjem. Ovde izraz „znanje" se ne odnosi na akademsko učenje. Ono se odnosi na znanje Božje i o istini 66 knjiga Biblije. Jednom kada mi spoznamo Boga kroz Bibliju, mi takođe bi trebali da spoznamo i iskusimo Njega iz prve ruke i da Njemu verujemo iz naših srca. Inače će znanje Reči Božje ostati samo kao deo znanja iz naše glave. Mi možda možemo da iskoristimo znanje na nepovoljan način, na primer u osuđivanju i optuživanju drugih. Prema tome, znanje bez duhovne ljubavi ne donosi nam korist.

Šta ako imamo tako veliku veru da može da pomeri planine? Imati veliku veru ne mora da znači da imamo veliku ljubav. Onda, zašto jačina vere i ona od ljubavi se ne poklapaju u potpunosti jedna sa drugom? Vera može da naraste videvši grehove i čuda i dela Božja. Petar je video mnoge znakove i čuda izvedene od Isusa

Ljubav: Ispunjenje Zakona

i iz ovog razloga on je takođe mogao da hoda, čak i na momenat, po vodi kada je Isus hodao po vodi. Ali u tom vremenu Petar nije imao duhovnu ljubav zato što nije još uvek primio Svetog Duha. On još nije preobratio svoje srce ne odbacivši čak ni svoje grehove. Tako da, kada je njegov život kasnije bio ugrožen, on se odrekao Isusa tri puta.

Mi možemo da razumemo zašto naša vera može da raste kroz iskustva, ali duhovna ljubav dolazi do naših srca samo kada mi ulažemo napore, požrtvovani smo i žrtvujemo sebe da bi odbacili grehove Ali to ne znači da ne postoji direktna povezanost takođe između duhovne vere i ljubavi. Mi možemo da pokušamo da odbacimo grehove i možemo da pokušamo da volimo Boga i duše zato što imamo veru. Ali bez želje da se iskreno ličimo na Gospoda i da kultivišemo iskrenu ljubav, naša dela za Božje kraljevstvo neće imati ništa sa Bogom bez obzira koliko smo mi odani. Biće to samo kao što je Isus rekao: „I tada ću im Ja kazati: Nikad vas nisam znao; idite od Mene koji činite bezakonje“ (Jevanđelje po Mateju 7:23).

Ljubav koja donosi nebeske nagrade

Obično, pred kraj godine, mnoge organizacije i pojedinci doniraju novac radio stanicama ili novinskim kućama kako bi pomogli onima kojima je potrebno. Sada, šta ako njihova imena nisu spomenuta u emitovanju ili novinama? Šanse su da više neće postojati mnogo pojedinaca ili kompanija koji će i dalje želeti da daju donacije.

31

Isus govori u Jevanđelju po Mateji 6:1-2: „Pazite da pravdu svoju ne činite pred ljudima da vas oni vide; inače platu nemate od Oca svog koji je na nebesima. Kad dakle daješ milostinju, ne trubi pred sobom, kao što čine licemeri po zbornicama i po ulicama da ih hvale ljudi. Zaista vam kažem: primili su platu svoju." Ako mi pomažemo drugima da bi pridobili počast od ljudi, mi ćemo biti možda počastvovani samo momenat, ali mi nećemo dobiti ni jednu nagradu od Boga.

Ovo davanje je samo iz samozadovoljstva ili da bi se hvalili time. Ako osoba radi u dobrotvorne svrhe formalno, njegovo srce će biti uzvišeno mnogo mnogo više kao da je dobio glavnu nagradu. Ako Bog blagoslovi ovakvu vrstu čoveka, on će smatrati sebe primernim iz Božjeg pogleda. Onda, on neće preobratiti svoje srce, i to je samo opasnost za njega. Ako vi radite u dobrotvorne svrhe sa ljubavlju za vaše komšije, vi nećete mariti da li vas ljudi prepoznaju ili ne. To je zato što vi verujete da će vas nagraditi Bog Otac koji vidi šta vi radite (Jevanđelje po Mateju 6:3-4).

Dobrotvorni rad u Gospodu nije samo u snadbevanju osnovnim životnim potrebama kao što su odeća, hrana ili sklonište. To je više u snadbevanju duhovnim hlebom da bi spasili dušu. Danas, bilo da su vernici u Gospodu ili ne, mnogi ljudi govore da je uloga crkve da pomogne bolesnima, zanemarenima i siromašnima. To je naravno pogrešno, ali prva dužnost crkve je da propoveda jevanđelje i da spase duše kako bi mogli da dostignu duhovni mir. Krajnji cilj dobrotvornog rada leži u ovim krajnjim ciljevima.

Prema tome, kada mi pomažemo drugima, veoma je važno da činimo prikladan dobrotvorni rad primajući vodstvo Svetog Duha. Ako je neka neprikladna pomoć data određenoj osobi, to će možda učiniti lakšim toj osobi da se udalji sebe čak i dalje od Boga. U najgorem slučaju, to može da ga odgurne ka putu smrti. Na primer, ako mi pomognemo onima koji su postali siromašni zbog prekomernog pijenja ili kockanja ili onima koji su u teškoćama zato što su stali protiv volje Božje, onda će im pomoć uzrokovati da odu na još pogrešniji put. Naravno to ne znači da mi ne smemo da pomognemo onima koji čak nisu ni vernici. Mi bi trebali da pomognemo nevernicima prenoseći im ljubav Božju. Mi ne smemo ipak da zaboravimo da je glavna namera dobrotvornog rada širenje jevandelja.

U slučaju novih vernika koji imaju slabu veru, neophodno je da ih jačamo dok njihova vera ne poraste. Ponekad čak i među onima koji imaju slabu veru, ima onih koji imaju urođene slabosti ili bolesti i drugih koji su imali saobraćajne nezgode zarađujući sami sebi za život. Ima i onih takođe mlađih građana koji žive sami ili dece koji moraju da poštuju domaćinstvo u odsustvu roditelja. Ovi ljudi mogu biti u očajnoj potrebi za dobrotvornim radom. Ako mi pomognemo ovim ljudima koji su u stvarnim potrebama, Bog će učiniti da naša duša napreduje i učiniće da nam sve stvari idu od ruke.

U Delima Apostolskim 10 Kornelije je osoba koji je dobio

blagoslov. Kornelije se plašio Boga i pomogao je veoma mnogo jevrejskom narodu. On je bio centurion, visoko kvalifikovani oficir okupatorske vojske koji je vladao nad Izraelom. U njegovoj situaciji mora da je bilo veoma teško da pomaže lokalnim ljudima. Jevreji mora da su bili stalno sumnjičavi zbog toga šta je on radio i njegove kolege su bile veoma kritične o tome šta je činio. Ali, zato što se plašio od Boga, on nije prestajao da radi dobra dela i dobrotvorna. Bog je video njegova dela nakon svega, i poslao je Petra u njegovo domaćinstvo kako bi ne samo njegova direktna porodica već i svi ostali koji su bili sa njim primili Svetog Duha i spasenje.

Nije samo dobrotvorni rad koji mora biti učinjen sa duhovnom ljubavi već takođe i darovi Bogu. U Jevanđelju po Marku 12, mi čitamo o udovici koja je bila hvaljena od Isusa jer mu je dala darove svim njenim srcem. Ona je dala samo dva bakarna novčića, što je bilo sve od čega je morala da živi. Tako da, šta joj je Isus zapovedio? Jevanđelje po Mateju 6:21 govori: „...jer gde je vaše blago, onde će biti i srce vaše." Kao što je rečeno, kada je udovica dala sve svoje životne troškove, to znači da je celo njeno srce bilo prema Bogu. To je bio izraz njene ljubavi za Boga. Suprotno tome, prinosi dati nevoljno ili nesvesnim stavom i mišljenjem drugih ljudi to ne ugađa Bogu. Zbog toga, takvi darovi ne koriste davaocu.

Dozvolite nam sada da govorimo o samopožrtvovanju. „Ako predam telo svoje da se sažeže" ovde znači „da žrtvujem sebe u potpunosti." Obično su žrtvovanja načinjena zbog ljubavi, ali ona mogu da načine ljubav praznu. Onda, koja su žrtvovanja urađena bez ljubavi?

Žaliti se zbog različitih stvari nakon što činite dela Božja je primer žrtvovanja bez ljubavi. To je kada vi potrošite svu svoju snagu, vreme i novac na dela Božja, ali niko ne prepoznaje ili slavi to i onda se vi osećate žalosno i žalite se zbog toga. To je kada vi vidite vaše kolege i osećate da oni nisu toliko ljubomorni kao vi čak iako oni tvrde da vole Boga i Gospoda. Vi ćete možda reći sebi da su oni lenji. Na kraju to je samo vaša osuda i optužba prema njima. Ovaj stav tajno usađuje želje da se suštinski okrenete prema drugima, da budete od njih slavljeni i da se hvalite arogantno zbog vaše ispunjenosti. Ova vrsta žrtvovanja može da naruši mir između ljudi i da uzrokuje da se slomi srce u Bogu. Ovakvo žrtvovanje bez ljubavi ne koristi ničemu.

Vi ne možete da se rečima žalite od spolja. Ali ako niko ne prepozna vaša predana dela, vi ćete biti rastuženi i mislićete da ste ništa i vaša revnost za Gospoda postaće hladna. Ako neko ukaže na vaše greške ili slabe tačke u delima koja ste ispunili svom svojom snagom, koja su učinjena do mere da ste i žrtvovali sebe, vi ćete možda izgubiti srce i krivićete one koji su vas kritikovali. Kada neko ubere više voća od vas i slavljen je i omiljen od drugih, vi postajete ljubomorni i ljuti na njega. Onda, bez obzira koliko ste odani i revnosni bili, vi ne možete da dostignete iskrenu radost nad vama. Vi ćete čak i odustati od vaših dužnosti.

Postoje takođe oni koji su ljubomorni samo kada drugi

35

posmatraju. Kada nisu viđeni od drugih i nisu više primećeni, oni postaju lenji i rade svoja dela nasumično i neprikladno. Radije nego dela koja nisu spoljašnje primećena, oni samo pokušavaju da ispune dela koja su posebno vidljiva drugima. To je zbog njihove želje da otkriju sebe njihovim pretpostavljenima i mnogim drugima i da budu pohvaljeni od njih.

Dakle, ako osoba ima veru kako bi mogao da napravi samo odricanja sa ljubavlju bez sadržaja? To je zato što im nedostaje duhovna ljubav. Njima nedostaje osećaj posedovanja vere u svoje srce koje je Gospodnje kao i njihovo i što je njihovo to je i Božje.

Na primer, uporedite situaciju u kojoj jedan poljoprivrednik radi na svom polju i jedan seljak koji radi na drugom polju da bi dobio platu. Kada poljoprivrednik radi svoje polje on se rado znoji od ranog jutra do kasno u noć. On ne preskače neki poljoprivredni posao i radi sve bez izuzetaka. Ali kada unajmljena osoba na polju koje pripada nekoj drugoj osobi, on ne troši svu svoju energiju dok radi posao, već umesto toga želi da sunce što pre zađe kako bi mogao da dobije svoju platu i da se vrati kući. Isti princip se je predstavljen takođe i u kraljevstvu Božjem. Ako ljudi nemaju ljubav za Boga u svojim srcima, oni će raditi za Njega površno kao unajmljene ruke koje samo žele svoju platu. Oni će gunđati i žaliće se ako ne dobiju platu koju su očekivali.

Zbog toga se u Poslanici Kološanima 3:23-24 govori: „I sve šta god činite, od srca činite kao Gospodu, a ne kao ljudima, znajući da ćete od Gospoda primiti platu nasledstva. Jer Gospodu Hristu služite." Pomažući drugima i žrtvovanjem sebe bez duhovne

Ljubav: Ispunjenje Zakona

ljubavi nema ništa sa Bogom, što znači da mi ne možemo da dobijemo nikakvu nagradu od Boga (Jevanđelje po Mateju 6:2).

Ako mi želimo da se žrtvujemo sa iskrenim srcem, mi moramo da posedujemo duhovnu ljubav u našim srcima. Ako je naše srce ispunjeno sa iskrenom ljubavi, mi možemo da nastavimo da se posvećujemo našem životu u Gospodu sa svim što imamo, bilo da nas drugi prepoznaju ili ne. Baš kao kada je sveća zapaljena i gori u mraku, mi možemo da predamo sve što posedujemo. U Starom Zavetu, kada su sveštenici ubili životinju da bi dali prinos Bogu kao žrtveni dar, oni su iscedili njegovu krv i istopili su njegovu mast nad vatrom oltara. Naš Gospod Isus, kao životinja ponuđena kao žrtva pomirenja za naše grehove, pustio je poslednju kapljicu krvi i vode da bi otkupio sve ljude od njihovih grehova. On nam je pokazao primer iskrenog žrtvovanja.

Zašto je njegova žrtva bila efektivna da bi mnogim dušama dao da dobiju spasenje? To je zato što je Njegova žrtva stvorena od savršene ljubavi. Isus je ispunio volju Božju do mere da je žrtvovao Njegov život. On je ponudio posebnu molitvu za duše u poslednjem momentu razapeća (Jevanđelje po Luki 23:34). Zbog ovog iskrenog žrtvovanja, Bog je Njega uzdigao i dao je Njemu najlepše mesto na Nebu.

Tako da, Poslanica Filipljanima 2:9-10 govori: „Takođe iz ovog razloga, Bog visoko Njega povisi, i darova Mu ime koje je veće od svakog imena, da se u ime Isusovo pokloni svako koleno onih koji su na nebu i na zemlji i pod zemljom.“

Ako mi odbacimo pohlepu i nečiste želje i žrtvujemo sebe

čistog srca kao Isus, Bog će nas uzvisiti i povešće nas do veće pozicije. Naš Gospod obećava u Jevanđelju po Mateju 5:8: „Blagosloveni su oni koji su čistog srca, jer će Boga videti.“ Tako da, mi ćemo dobiti blagoslove i moći ćemo da se suočimo sa Bogom licem u lice.

Ljubav koja ide iznad pravde

Pastor Jang Von Son (Yang Won Sohn) je nazvan „Atomska bomba ljubavi.“ On je pokazao primer žrtvovanja napravljenom od iskrene ljubavi. On je brinuo o bolesnima od lepre svom svojom snagom. On je takođe stavljan u zatvor jer je odbio da služi u japanskoj ratnom svetilištu pod japanskom komandom u Koreji. Uprkos njegovom posvećivanju delima prema Bogu, on je morao da čuje strašne vesti. U oktobru 1948.god., dvojicu od njegovih sinova ubili su vojnici levičari u pobuni protiv vladajućih vlasti.

Obični ljudi bi se žalili o Bogu govoreći: „Ako je Bog živ, kako je ovo mogao On da mi uradi?“ Ali on je samo zahvaljivao što su njegova dva sina bila mučenici što su na Nebu pored Gospoda. Šta više, on je oprostio pobunjeniku koji mu je ubio dvojicu sinova i čak ga je usvojio kao sina. On je dao zahvalnost Bogu u devet aspekta zahvalnosti na sahrani sinova koja je veoma dodirnula srca mnogih ljudi.

„Najpre, ja dajem zahvalnost jer su moji sinovi postali mučenici iako su rođeni od moje loze, jer sam ja tako pun nepravednosti.

Drugo, dajem zahvalnost jer mi je Bog dao ove dragocene moje da mu budu porodica pored tako mnogo porodica vernika.

Treće, dajem zahvalnost što su obojica i moj prvi i drugi sin bili žrtvovani, koji su bili najlepši između tri moja sina i tri kćeri.

Četvrto, teško je da jedan sim postane žrtva, ali za mene da imam dva sina koji su postali mučenici, ja dajem zahvalnost.

Peto, blagoslov je umreti u miru sa verom u Gospoda Isusa, i dajem zahvalnost jer su oni dobili slavu žrtvovanjem i bili su upucani i ubijeni dok su propovedali jevanđelje.

Šesto, oni su se pripremali da idu u Sjedinjene Američke Države na studije i sada su otišli u kraljevstvo neba, što je mnogo bolje mesto od Sjedinjenih Američkih Država. Ja sam smiren i dajem zahvalnost.

Sedmo, dajem zahvalnost Bogu koji mi je omogućio da usvojim kao hranitelj mog sina, neprijatelja koji je ubio moje sinove.

Osmo, dajem zahvalnost zato što verujem da će postojati obilno voće Nebesko kroz žrtvovanje mojih dvojice sinova.

Deveto, dajem zahvalnost Bogu koji mi je omogućio da razumem Božju ljubav da mogu da se radujem u ovoj vrsti nevolje."

Da bi brinuo o bolesnim ljudima, pastor Jang nije se evakuisao čak i za vreme korejanskog rata. On je na kraju žrtvovan od strane komunističkih vojnika. On je brinuo o bolesnim ljudima koji su bili zanemareni od drugih, i u dobroti on je ugostio njegovog neprijatelja koji je ubio njegove sinove. On je moga da žrtvuje sebe na način na koji je to radio zato što je bio ispunjen iskrenom ljubavi za Boga i druge duše.

U Poslanici Kološanima 3:14 Bog nam govori: „A svrh svega toga obucite se u ljubav, koja je sveza savršenstva." Čak iako govorimo lepim rečima anđela i imamo sposobnost proroštva i veru da pomerimo planine, i žrtvujemo sebe za one koji su u potrebi, želje nisu nešto savršeno iz Božjeg pogleda sve dok one nisu učinjene sa iskrenom ljubavi. Sada, dozvolite nam da se udubimo u svako značenje u iskrenoj ljubavi da bi došli do neograničene dimenzije ljubavi Božje.

Karakteristike ljubavi

„Ljubav dugo trpi, milokrvna je; ljubav ne zavidi; ljubav se ne veliča, ne nadima se; ne čini šta ne valja, ne traži svoje, ne srdi se, ne misli o zlu, ne raduje se nepravdi, a raduje se istini; sve snosi, sve veruje, svemu se nada, sve trpi."

1. Poslanica Korinćanima 13:4-7

U Jevanđelju po Mateju mi nailazimo na scenu u kojoj je Isus žalosno gledao ka Jerusalimu znajući da je Njegovo vreme blizu. On je morao da visi na krstu u proviđenju Božjem, ali kada je mislio o nevoljama koja će doći nad Jevrejima i Jerusalimom, On nije mogao da Sebe ne žali. Učenici su se čudili i postavili su pitanje: „I kakav je znak Tvog dolaska i kraja veka?" (stih 3)

Tako da, Isus im je rekao o mnogim znakovima i žalosno je rekao da će se ljubav više ohladiti: „I što će se bezakonje umnožiti, ohladneće ljubav mnogih" (stih 12)

Danas, mi možemo znatno da osetimo da se ljudska ljubav sve više hladi. Mnogi ljudi traže ljubav, ali oni ne znaju za iskrenu ljubav, odnosno duhovnu ljubav. Mi ne možemo da posedujemo iskrenu ljubav samo zato što želimo da je imamo. Mi možemo da je dostignemo kada ljubav Božja uđe u naša srca. Mi onda možemo da počnemo da razumemo da je to i da odbacimo zlo iz naših srca.

Poslanica Rimljanima 5:5 kaže: „...a nadanje neće se osramotiti, jer se ljubav Božija izli u srca naša Duhom Svetim koji je dat nama." Kao što je rečeno, mi možemo da osetimo ljubav Božju kroz Svetog Duha u našim srcima.

Bog nam govori o svakoj osobini duhovne ljubavi u 1. Poslanici Korinćanima 13:4-7. Božja deca treba da nauče o njima i da ih praktikuju kako bi mogli da budu glasnici ljubavi koji dozvoljavaju ljudima da osete duhovnu ljubav.

1. Ljubav je strpljiva

Ako nekome nedostaje strpljenje, pored svih ostalih osobina duhovne ljubavi, on lako može da obeshrabri druge. Pretpostavimo da supervizor daje određeni posao nekome da odradi, a ta osoba ne obavlja taj posao dovoljno dobro. Tako da, supervizor brzo daje posao nekome drugom da ga završi. Prva osoba kojoj je dat posao će možda pasti u očaj zato što mu nije data druga šansa da se iskupi što nije radio dobro. Bog je stavio „strpljenje" kao prvu osobinu duhovne ljubavi zato što je najglavnija osobina za kultivaciju duhovne ljubavi. Ako mi imamo ljubav, čekanje nije dosadno.

Jednom kada razumemo ljubav Božju, mi pokušavamo da delimo ljubav sa drugim osobama u našoj okolini. Ponekad mi pokušavamo da volimo druge na ovaj način, dobijamo suprotne reakcije od ljudi koji zaista mogu da slome naša srca ili da nam uzrokuju gubitak ili nas pak oštete. Onda, ovi ljudi neće izgledati ljubazno više, i mi nećemo moći da ih dobro razumemo. Da bi imali duhovnu ljubav, mi moramo da budemo strpljivi i da volimo čak i ove ljude. Čak iako nas oni ošamare, mrze nas ili pokušaju da nam nanesu nevolje bez razloga, mi moramo da kontrolišemo naše misli i da budemo strpljivi i da ih volimo.

Jedan član crkve me je zamolio da se molim zbog depresije njegove supruge. On je takođe rekao da je bio pijanac i da kad bi jednom počeo da pije postajao bi potpuno drugačija osoba i otežavao bi članovima njegove porodice. Njegova žena, međutim, bila je strpljiva svaki put i pokušavala je da prikrije njegove greške sa ljubavi. Ali njegove navike se nikada nisu promenile i kako je vreme prolazilo on je postao alkoholičar. Njegova supruga je izgubila volju za životom i pala je u depresiju.

On je otežavao život svojoj porodici zato što je pio, ali došao je da primi moju molitvu zato što je još uvek voleo svoju suprugu. Nakon što sam čuo ovu priču, ja sam mu rekao: „Ako ti zaista voliš svoju suprugu, šta je toliko teško da prestaneš sa pušenjem i pićem?" Oni nije rekao ništa i činilo se da mu nedostaje samopoštovanje. Osećao sam se tužno zbog ove porodice. Molio sam se za njegovu ženu da bude izlečena od depresije, i molio sam se za njega da dobije moć i prestane da puši i pije. Božja moć je bila neverovatna! On je mogao da prestane da misli o piću odmah nakon što je primio moju molitvu. Pre toga nije bilo načina da on prestane da pije, ali on je odmah prestao nakon primljene molitve. Njegova supruga je takođe bila izlečena od depresije.

Biti strpljiv je početak duhovne ljubavi

Da bi kultivisali duhovnu ljubav, mi treba da budemo strpljivi sa drugima u bilo kojoj vrsti situacije. Da li vi patite u nelagodnosti u vašem istrajanju? Ili, kao u slučaju žene iz priče, da li postajete obeshrabljeni ako ste bili strpljivi duže vreme i ako se situacija nije promenila ni malo na bolje? Onda, pre nego što stavljamo krivicu na druge ljude u nekim okolnostima, mi moramo najpre da proverimo naša srca. Ako smi mi kultivisali istinu u potpunosti u našim srcima, ne postoji situacija u kojoj mi ne možemo da budemo strpljivi. Naime, ako mi ne možemo da budemo strpljivi, to znači da još imamo u našim srcima zlobu, što je neistina, do iste mere da nam nedostaje strpljenje.

Biti strpljiv znači da smo strpljivi sami sa sobom u svim nevoljama sa kojima se borimo kada pokušavamo da pokažemo iskrenu ljubav. Može postojati teška situacija kada pokušavamo da volimo svakoga u povinovanju Reči Božje, i to je strpljenje duhovne ljubavi kada smo strpljivi u svim tim situacijama.

Ovo strpljenje se razlikuje od strpljenja kao o jednom od devet voća Svetog Duha u Poslanici Galaćanima 5:22-23. Kako se razlikuje? „Strpljenje" koje je jedno od devet voća Svetog Duha nam zapoveda da budemo strpljivi u svemu za kraljevstvo i pravednost Božju dok strpljenje u duhovnoj ljubavi je biti strpljiv u kultivaciji duhovne ljubavi i zbog toga ono ima mnogo bliže i specifičnije značenje. Možemo reći da ono pripada iznad strpljenja koje je jedno od devet voća Svetog Duha.

Strpljenje kao u devet voćki Svetog Duha	1. To je odbaciti svu neistinu i kultivisati srce sa istinom 2. To je razumeti druge, tražiti njihovu korist i biti u miru sa njima 3. To je primiti odgovore na molitve, spasenje i i stvari koje je Bog obećao

U današnjem vremenu, ljudi veoma lako sude druge jer im stvaraju imovinsku štetu ili dobrobit. Postoji navala tužbi među ljudima. Mnogo puta oni tuže svoje supruge ili muževe, ili čak svoje roditelje ili decu. Ako ste vi strpljivi prema drugima, ljudi će vas možda ogovarati govoreći da ste blesavi. Ali šta Isus kaže?

Rečeno je u Jevanđelju po Mateju 5:39: „A Ja vam kažem da se ne branite oda zla, nego ako te ko udari po desnom tvom obrazu, obrni mu i drugi“ i u Jevanđelju po Mateju 5:40: „I koji hoće da se sudi s tobom i košulju tvoju da uzme, podaj mu i haljinu.“

Isus ne samo da nam govori da ne uzvraćamo zlo sa zlobom, već i da budemo strpljivi. On nam takođe govori da budemo dobri prema onima koji su zlobni. Mi ćemo možda misliti: „Kako možemo da budemo dobri prema njima kada smo toliko ljuti i povređeni?“ Ako mi imamo veru i ljubav, mi smo više nego sposobni da učinimo tako. To je vera u ljubav Božju koji nam je dao Njegovog jednorođenog Sina kao milosnu žrtvu za naše grehove. Ako verujemo da smo dobili ovu vrstu ljubavi, onda mi možemo da oprostimo ovim ljudima koji su nam uzrokovali velike patnje i bili nepravedni prema nama. Ako volimo Boga koji je voleo nas do mere da je dao Njegovog jednorođenog Sina zbog nas, i ako volimo Gospoda koji je dao Njegov život za nas, mi ćemo moći da volimo sve i svakoga.

Strpljenje bez granica

Neki ljudi izbacuju svoju mržnju, ljutnju ili narav i druga negativna osećanja sve dok na kraju ne dostignu granicu svoje strpljivosti i konačno ne prepuknu. Neki introventni ljudi ne izražavaju sebe olako već samo pate u svojim srcima a to dovodi do nepovoljnih uslova po njihovo zdravlje uzrokovano stresom. Takva strpljivost je kao pritiskanje metalne opruge sa rukama. Ako sklonite ruke sa njega, ono će samo uzdigne i odskoči.

Vrsta strpljenja koju Bog želi da mi imamo je da budemo strpljivi sve do kraja bez promene našeg stava. Da budem više određeniji, ako mi imamo ovu vrstu strpljivosti, mi nećemo ni morati u ničemu da budemo strpljivi. Mi nećemo sakupljati mržnju i ogorčenost u našim srcima, već ćemo da pomerimo zlu narav koja uzrokuje loša osećanja i promenićemo je u ljubav i saosećanja. Ovo je srž duhovnog značenja strpljenja. Ako mi nemamo ni malo zla u našim srcima već ispunjenost u duhovnoj ljubavi, nije teško da volimo čak ni naše neprijatelje. U stvari, mi nećemo dozvoliti ni jednom neprijatelju da se na prvom mestu razvija.

Ako je naše srce ispunjeno mržnjom, svađom, ljutnjom ili ljubomorom, mi ćemo prvo videti negativne tačke drugih ljudi čak iako smo dobronamerni. To je isto kao kada nosimo naočare za sunce u kojima sve izgleda mračno. Sa druge strane, međutim, ako su naša srca puna ljubavi, onda čak i ljudi koji čine zlo će ipak izgledati prijatno. Bez obzira na razliku, nedostatke, greške ili slabosti, mi nećemo da ih mrzimo. Čak iako oni nas mrze i čine zlo prema nama, mi nećemo da ih mrzimo zauzvrat.

Strpljenje je takođe srce Isusa koji „trsku stučenu neće prelomiti i sveštilo zapaljeno neće ugasiti." To je u srcu Stefana koji se molio čak i za one koji su ga kamenovali govoreći: „Gospode, ne primi im ovo za greh!" (Dela Apostolska 7:60). Oni su njega kamenovali samo zato što im je propovedao jevanđelje. Da li je bilo teško Isusu da voli grešnike? Nikako! To je zato što je Njegovo srce sama istina.

Jednog dana Petar je postavio pitanje Isusu. „Gospode! Koliko puta ako mi sagreši brat moj da mu oprostim? Do sedam puta?" (Jevanđelje po Mateju 18:21). Onda je Isus rekao: „Ne velim ti do sedam puta, nego do sedam puta sedamdeset" (stih 22).

Ovo ne znači da mi treba da oprostimo sedamdeset puta sedam, što je 490 puta. Sedam u duhovnom smislu simbolizuje savršenstvo. Prema tome, oprostiti sedamdeset puta sedam skraćenica je od savršenog opraštanja. Mi možemo da osetimo bezgraničnu ljubav i praštaj Isusa.

Strpljenje koje ispunjava duhovnu ljubav

Naravno, nije lako da preko noći okrenemo našu mržnju u ljubav. Mi moramo da budemo strpljivi duže vreme, bez prestanka. Poslanica Efežanima 4:26 govori: „Gnevite se i ne grešite; sunce da ne zađe u gnevu vašem."

Ovde se kaže: „gnevite se" obraćajući se onima koji imaju slabu veru. Bog govori onim ljudima da čak i kada se naljute zbog nedostatka svoje vere, oni ne smeju da kriju svoju ljutnju do zalaska sunca, naime „duže vreme," već da puste taj osećaj da nestane. U okviru mere vere svakoga, čak i kada osoba ima loša osećanja i raste ili izlazi iz njegovog srca ljutnja, ako on pokuša da odbaci sva ova osećanja strpljivo i istrajno, on može da promeni njegovo srce u istini i duhovna ljubav će rasti u njegovom srcu malo po malo.

Što se tiče grešne prirode koja je učvršćena duboko u srcu, osoba može da je odbaci sa revnosnim molitvama i ispunjenošću Svetim Duhom. Veoma je važno da pokušamo da gledamo ljude koji nam nisu dragi i da im pokažemo dela u dobroti. Kako to uradimo, mržnja u našim srcima će uskoro nestati i mi ćemo moći da volimo te ljude. Mi nećemo imati sukobe i neće postojati niko koga mrzimo. Mi ćemo takođe moći da živimo srećnim životom kao na Nebu baš kao što je Gospod rekao: „Gle, carstvo je Božije unutra u vama" (Jevanđelje po Luki 17:21).

Ljudi kažu da se osećaju kao na Nebu kada su mnogo srećni. Slično tome, kraljevstvo neba u našim mislima se odnosi na to da smo odbacili svu neistinu iz srca i da smo se ispunili istinom, ljubavi i dobrotom. Onda vi ne morate das budete strpljivi, zato što ste uvek srećni i radosni i prepuni milosti i zato što volite svakoga okolo vas. Što ste više odbacili zlobu i ispunili dobrotu, tim manje treba da budete strpljivi. Što ste više ispunjeniji duhovnom ljubavi, vi ne morate da budete strpljivi potiskujući osećanja; vi ćete moći da strpljivo i mirno čekate da se drugi promene u ljubavi.

Na Nebu ne postoje suze, nema žalosti i nema bola. Pošto nema ni malo zla već samo dobrota i ljubav na Nebu, vi nećete mrzeti nikoga, nećete se ljutiti ili biti tvrdoglavi prema nekome. Tako da, vi nećete morati da se uzdržavate ili da kontrolišete vaša osećanja. Naravno naš Bog ne mora da bude strpljiv u ničemu zato što je On sama ljubav. Razlog zbog kojeg nam Biblija govori da je „ljubav strpljiva“ je taj da, kao ljudi, mi imamo dušu i misli i mentalne okvire. Bog želi da pomogne ljudima da razumeju. Što ste više odbacili zlobu i ispunili dobrotu, tim manje treba da budete strpljivi.

Okretanje neprijatelja u prijatelja kroz strpljenje

Abraham Linkoln, šesnaesti predsednik Sjedinjenih Država, i Edvin Staton nisu bili na dobrom glasu kada su bili advokati. Staton je poticao iz bogate porodice i imao je dobro obrazovanje. Linkolnov otac je bio siromašan obućar i nije čak ni završio osnovnu školu. Staton se podsmevao Linkolnu pogrdnim rečima. Ali Linkoln se nikada nije ljutio, i nikada nije uzvraćao zlobom.

Nakon što je Linkoln bio izabran za predsednika, on je postavio Statona za sekretara rata, što je bilo jedna od većih pozicija u kabinetu. Linkoln je znao da je Staton bio prava osoba za to. Kasnije, kada je Linkoln bio upucan u Fordovom pozorištu, mnogi ljudi su bežali da bi spasili život. Ali Staton je trčao pravo prema Linkolnu. Držeći Linkolna u svom naručju i sa očima ispunjenim suzama, on je rekao: „Ovde leži najveći čovek ikada viđen na svetu. On je najveći vođa u istoriji.“

Strpljenje u duhovnoj ljubavi može da donese čuda da neprijatelja pretvori u prijatelja. Jevanđelje po Mateju 5:45 kaže: „...da budete sinovi Oca svog koji je na nebesima; jer On zapoveda svom suncu, te obasjava i zle i dobre, i daje dažd pravednima i nepravednima.“

Bog je strpljiv čak i prema onim ljudima koji čine zlo, čekajući dan kada će da se promene. Ako se mi ophodimo loše prema lošim osobama, to znači da smo i mi loši, ali ako smo strpljivi i volimo ih gledajući prema Bogu koji će nas nagraditi, mi ćemo da dobijemo prelepo mesto boravka kasnije na Nebu (Psalmi 37:8-9).

2. Ljubav je ljubazna

Među Ezopovim basnama postoji priča o suncu i vetru. Jednog dana sunce i vetar su se kladili ko će prvi da skine kaput prvom prolazniku. Vetar je pošao prvi, i trijumfalno i nadmeno poslao je dovoljno jak nalet vetra koji bi oborio drvo. Čovek se umotao još čvršće svojim kaputom. Sledeće, sunce, nosivši osmeh na svom licu, nežno je pružilo tople sunčeve zrake. Kako je postalo toplo, čovek je osetio toplinu i uskoro je skinuo kaput.

Ova priča nam daje veoma dobru lekciju. Vetar je pokušao da prisili čoveka da skine svoj kaput, ali sunce je učinilo da čovek samovoljno skine njegov kaput. Ljubaznost je nešto veoma slično. Ljubaznost je dodirnuti i osvojiti srca drugih ne fizičkim naporom, već dobrotom i ljubavi.

Ljubaznost prihvata svaku vrstu osobe

Onaj koji ima ljubaznost može da prihvati svaku osobu, i mnogi ljudi mogu da se odmore uz njega. Definicija iz rečnika o ljubaznosti je: „kvalitet ili stanje ljubaznosti“ i biti ljubazan je biti strpljive naravi. Ako razmišljate o parčetu pamuka, onda bolje možete da razumete ljubaznost. Pamuk ne stvara nikakvu buku čak i kada ga udarite drugim predmetom. Ono samo prigrljuje druge predmete.

Takođe, ljubazna osoba je kao drvo uz koje mnogi ljudi mogu da se odmore. Ako vi stanete ispod velikog drveta letnjeg vrelog

53

dana da bi izbegli prženje na suncu, vi možete da se osećate mnogo bolje i hladnije. Slično tome, ako neki ima ljubazno srce, mnogi ljudi će poželeti da budu uz takvu osobu i da se odmore uz njega.

Obično, kada je čovek toliko ljubazan i drag da ne može da se ljuti na svakoga i da mu dosađuje, i ne insistira na sopstvenom mišljenju, za njega se kaže da je drag i dobro namerna osoba. Ali bez obzira koliko je drag i mio, ako dobrota nije prepoznata od Boga, on ne može da bude usvojen kao veoma draga osoba. Postoje neki koji se povinuju drugima veoma dobro samo zato što je njihova narav slaba i konzervativna. Postoje drugi koji prikrivaju svoju ljutnju čak iako su njihove misli uznemirene kada im drugi zadaju teška vremena. Ali oni ne mogu biti smatrani ljubaznim. Ljudi koji nemaju nimalo zla već imaju samo ljubav u svojim srcima prihvataju i suočavaju se sa ljudima sa duhovnom dobrotom.

Bog želi duhovnu ljubaznost

Duhovna ljubaznost je ishod ispunjenja duhovne ljubavi koja nema zla. Sa ovom duhovnom ljubaznosti vi ne stajete ispred nikoga već ga prihvatate, bez obzira koliko je on podao. Takođe, vi podnosite zato što ste mudri. Ali mi treba da se setimo da ne možemo biti smatrani ljubaznim samo zato što smo bezuslovno razumeli i oprostili drugima i što smo nežni prema svima. Mi takođe moramo da imamo pravednost, dostojanstvo i vlast da bi mogli da povedemo i imamo uticaj na druge. Tako da, duhovno ljubazna osoba nije samo nežna, već je i mudra i pravična. Takva osoba živi primeran život. Da bi bili više određeniji o duhovnoj ljubaznosti, to je imati dobrotu u srcu iznutra kao i različitu velikodušnost sa spolja.

Čak iako posedujemo vrstu srca koje nema zlobu već samo dobrotu, ako imamo samo unutrašnju nežnost, ta nežnost sama ne može da nas natera da zagrlimo i da imamo pozitivan uticaj nad drugima. Tako da, kada mi posedujemo ne samo u8n unutrašnju ljubaznost već i spoljašnje osobine različite dobrote, naša ljubaznost može biti savršena i mi pokazujemo veću moć. Ako posedujemo velikodušnost zajedno sa ljubaznim srcem, mi možemo da okupimo srca mnogih ljudi i da ispunimo mnogo više.

Jedan može da pokaže iskrenu ljubav kada ima dobrotu i ljubaznost u srcu, ispunjenost u strastima i čestitu velikodušnost da bi mogao da povede druge ka pravom putu. Onda, on može da povede mnoge duše ka pravom putu spasenja, što je pravi put. Ljubaznost iznutra ne može da sija bez razne velikodušnosti sa spolja. Sada, dozvolite nam da najpre pogledamo šta bi trebali da uradimo da bi kultivisali unutrašnju ljubaznost.

Uslov da se izmeri unutrašnja ljubaznost je posvećenje

Kako bi ispunili ljubaznost, najpre mi moramo da se otarasimo od zlobnog srca i postanemo posvećeni. Ljubazno srce je kao pamuk, i čak iako se neko ponaša agresivno, ono ne pravi galamu nego samo grli takvu osobu. Jedan koji ima ljubazno srce nema ni malo zla i nema nikakve konflikte sa nijednom drugom osobom. Ali ako imamo oštro srce mržnje, ljubomore i otvrdlo srce samopravednosti i tvrdoglavost u svojim okvirima, veoma je teško za nas da zagrlimo druge.

Ako kamen padne dole i udari o drugi kamen od zemlje ili se zabije u metalni predmet, ono pravi zvuk ili odzvanja. Na isti način, ako je naša telesnost još živa, mi oživljavamo neprijatna osećanja čak iako drugi uzrokuju samo malu neugodnost. Kada su ljudi prepoznati kao koji imaju različite osobine i druge greške, mi možda nećemo prekrivati, zaštititi ili razumeti njih već ćemo umesto toga da ih osuđujemo, optužujemo, širimo glasine ili ćemo ih klevetati. Onda to znači da smo kao tanka posuda, koja će preliti ako stavimo nešto u nju.

To je malo srce koje je ispunjeno sa malim praznim stvarima koje nema više prostora da prihvati ništa drugo. Na primer, mi ćemo se naći uvređeni ako neko drugi ukaže na naše greške. Ili, kada vidimo da drugi šapuću, mi ćemo možda misliti da oni pričaju o nama i pitaćemo se o čemu pričaju. Mi ćemo možda i osuđivati druge samo zato što nas posmatraju direktno.

Nemati ni malo zla je osnovni uslov za kultivaciju ljubaznosti. Razlog je da kada ne postoji zlo mi možemo da cenimo druge u našim srcima i možemo da ih gledamo kroz dobrotu i ljubav. Ljubazna osoba gleda na druge ljude sa milošću i saosećanjem sve vreme. On nema nikakvu nameru da osuđuje ili optužuje druge;

Ljubav: Ispunjenje Zakona

on samo pokušava da razume druge sa ljubavi i dobrotom, i čak i zla ljudska srca će omekšati njegovom toplotom.

Veoma je važno da oni koji uče i vode druge budu posvećeni. Do mere da su imali zlo, oni će nametnuti sopstvene telesne misli. Do iste mere, oni ne mogu jasno da razaznaju situaciju zajednice, i zbog toga neće moći da vode duše do zelenih pašnjaka i mirnih voda. Mi možemo da dobijemo vođstvo Svetog Duha i razumemo situaciju zajednice jasno ih povedemo na najbolji način samo kada smo potpuno posvećeni. Bog takođe može samo da prizna one koji su potpuno posvećeni da bi bili iskreno ljubazni. Različiti ljudi imaju različite stavove o kojoj vrsti ljudi su ljubazni ljudi. Ali ljubaznost iz ljudskog pogleda i pogleda Božjeg se razlikuje jedna od druge.

Bog je prepoznao Mojsijevu ljubaznost

U Bibliji, Mojsije je bio prepoznat od Boga zbog njegove ljubaznosti. Mi možemo da naučimo koliko je važno biti prepoznat od Boga iz Brojeva poglavlje 12. Jednom su Mojsijev brat Aron i njegova sestra Mirijam kritikovali Mojsija zato što se oženio sa ženom Kušita.

Brojevi 12:2 potvrđuju: „....i rekoše: 'Zar je samo preko Mojsija govorio GOSPOD? Nije li govorio i preko nas?' I to ču GOSPOD."

Šta je Gospod rekao na to što su oni rekli? „Njemu govorim iz usta k ustima, i on me gleda doista, a ne u tami niti u kakvoj prilici GOSPODNJOJ. Kako se dakle ne pobojaste vikati na slugu mog,

Karakteristike ljubavi

na Mojsija?" (Brojevi 12:8)

Aronovi i Mirijanini osuđujući komentari prema Mojsiju su naljutili Boga. Zbog toga je Mirijam postala bolesna od lepre. Aron je bio kao Mojsijev potparol i Mirijam je takođe bila kao jedna od vođa skupa. Misleći da su njih dvoje veoma voljeni i prepoznati od strane Boga, kada su pomislili da je Mojsije uradio nešto loše oni su njega odmah kritikovali zbog toga.

Bog nije prihvatio Aronovi i Mirijamino osuđivanje i govorenje protiv Mojsija u skladu sa njihovim sopstvenim stavovima. Koja vrsta čoveka je bio Mojsije? On je bio prepoznat od Boga kao najpokorniji i najplemenitiji pomeđu svih na licu zemlje. On je takođe bio odan celom Božjem domaćinstvu i zbog toga je Bog imao poverenje u njega toliko da on čak i mogao da razgovara sa Bogom usta na usta.

Ako mi pogledamo u napredak ljudi Izraela koji su bežali iz Egipta i išli ka zemlji Kana, mi možemo da razumemo zašto je Božje prepoznavanje Mojsija bilo tako uzvišeno. Ljudi koji su izašli iz Egipta ubrzo su počinili grehove, i išli protiv volje Božje. Oni su se žalili protiv Mojsija i okrivljivali i za najmanje poteškoće, a to je bilo isto kao i žaliti se protiv Boga. Svaki put kada su se žalili, Mojsije je tražio za Božju milost.

Postojao je incident koji je dramatično pokazao Mojsijevu ljubaznost. Dok je Mojsije bio gore na planini Sinaji da bi dobio zapovesti, ljudi su napravili idola, zlatno tele, i oni su jeli, pili i upuštali sami sebe u rasipništvo dok su mu služili. Egipćani su služili bogovima poput bika ili krave, i oni su imitirali takve bogove. Bog je njima pokazao da je uz njih mnogo puta, ali oni nisu pokazali nijedan znak promenljivosti. Na kraju, Božja kletva pala je na njih. Ali u ovom momentu Mojsije se založio za njih stavljajući sopstveni život kao zalog: „Ali sada, ako Ti hoćeš, oprosti im greh, ako li nećeš, izbriši me iz knjige Svoje, koju si Ti napisao!" (Izlazak 32:32)

„Tvoje knjige koju si Ti napisao" se odnosi na knjigu života u kojoj su zapisana imena onih koji su spašeni. Ako je vaše ime izbrisano iz knjige života, vi ne možete biti spašeni. To ne znači samo da vi nećete dobiti spasenje, već znači da ćete morati da patite u Paklu zauvek. Mojsije je znao o životu posle smrti veoma dobro, ali ipak je želeo da spasi ljude čak i kada bi morao da odustane od svog spasenja za njih. Takvo srce Mojsija je bilo veoma slično srcu Boga koji ne želi da bilo ko iščezne.

Mojsije je kultivisao ljubaznost kroz iskušenja

Naravno, Mojsije nije imao takvu ljubaznost od početka. Iako je bio Jevrejin on je bio odgajan kao sin Egipćanske princeze i nije mu ništa nedostajalo. On je dobio obrazovanje najviših škola Egipćanskog znanja i borilačkih veština. On je takođe imao ponos i samopravednost. Jednog dana, on je video tuču Egipćanina i Jevreja i zbog svoje samopravednosti je ubio Egipćanina.

Zbog ovoga on je preko noći postao izbeglica. Na žalost, on je posta pastir u pustinji uz pomoć sveštenika Midiana, ali je sve izgubio. Voditi stado ovaca je bilo u Egiptu nešto najniže.

Karakteristike ljubavi

Četrdeset godina je morao da radi ono što je gledao sa visine. U međuvremenu on se pokorio u potpunosti, razumeo mnoge stvari o ljubavi Božjoj i životu.

Bog nije pozvao Mojsija, princa Egipta da bude vođa ljudi Izraela. Bog je pozvao Mojsija pastira koji je pokorio samog sebe mnogo puta i čak prizivao Boga. On se u potpunosti pokorio i odbacio zlo iz svog srca kroz iskušenja, i iz ovog razloga on je mogao da povede više od 600.000 ljudi iz Egipta do zemlje Kana.

Tako da, važna stvar u kultivisanju ljubaznosti je da treba da kultivišemo dobrotu i pokorno volimo druge ispred Boga u iskušenjima koja su nam dozvoljena da ih prevazilazimo. Mera pokornosti čini takođe i razliku u našoj ljubaznosti. Ako smo mi zadovoljni sa trenutnim stanjem misleći da smo kultivisali istinu do neke mere i da smo prepoznati od drugih kao u Aronovom i Mirijaminom slučaju, mi ćemo samo postati još više arogantniji.

Nevina velikodušnost usavršava duhovnu ljubaznost

Kako bi kultivisali duhovnu ljubaznost mi moramo ne samo da postanemo posvećeni odbacivanjem svih formi zla, već takođe moramo da kultivišemo nevinu velikodušnost. Nevina velikodušnost je mudro razumevanje i pravedno prihvatanje drugih; uraditi prave stvari u skladu sa dužnostima čoveka; i to je imati osobinu da dozvolimo drugima da predaju i da pokore svoja srca, razumejući njihove nedostatke i prihvatajući ih a ne sa fizičkom moći. Ljudi koji su kao ovi imaju ljubav da inspirišu poverenje i oslonac u drugima.

Nevina velikodušnost je kao odeća koju ljudi nose. Bez obzira koliko smo mi dobri u srcu, da smo goli, na nas bi se od strane drugih gledalo odozgo. Slično tome, bez obzira koliko da smo ljubazni, mi ne možemo zaista da pokažemo vrednost naše ljubaznosti ukoliko imamo ovu nevinu velikodušnost. Na primer, osoba je ljubazna iznutra, ali ona govori mnogo nepotrebnih stvari kada se obraća drugima. Takva osoba nema zle namere dok to čini, ali ona ne može da zaista zasluži poverenje drugih jer ne izgleda naročito prikladno ili obrazovano. Neki ljudi nemaju nikakvu ljutnju zato što imaju ljubaznost, i oni ne uzrokuju nikakvu štetu drugima. Ali ako oni ne pomažu aktivno drugima ili sa osećanjem brinu o drugima, veoma je teško za njih da osvoje srca mnogih ljudi.

Cveće koje nema prelepe boje ili predivan miris ne može da izmami nijednu pčelu ili leptira da sleti na njega, iako ima mnogo nektara. Slično tome, čak iako smo mnogo ljubazni i možemo da okrenemo i drugi obraz ako nas neko udari u jedan, naša ljubaznost ne može zaista da zasija ukoliko mi imamo nevinu velikodušnost u našim rečima i delima. Iskrena ljubaznost je ispunjena i može da pokaže svoju pravu vrednost samo kada unutrašnja ljubaznost nosi spoljašnju odeću nevine velikodušnosti.

Josif je imao ovu nevinu velikodušnost. On je bio jedanaesti sin Jakova, oca svih Izraelaca. Njega su mrzela njegova braća i prodali su ga kao roba u Egiptu u ranim godinama. Ali sa pomoć Božju on je postao prvi ministar Egipta u tridesetoj godini. Egipat je u to vreme bio veoma snažna nacija nastanjena na Nilu. On je bio jedan od četiri glavne „kolevke civilizacije." Vladaoci i ljudi su bili veoma ponosni na sebe, i nije to bilo nešto tako lako da se postane prvi ministar kao kao stranac. Da je on napravio samo jednu grešku, on bi morao da odustane od toga odmah.

Čak i u takvoj situaciji međutim, Josif je vladao Egiptom veoma dobro i mudro. On je bio ljubazan i pokoran, i nije imao nikakve greške u njegovim rečima i delima. On je takođe imao mudrost i dostojanstvo kao vladalac. On je imao moć i bio je odmah drugi do kralja, ali on nije pokušavao da dominira ljudima ili sebe da ističe. Bio je stog prema sebi, ali bio je veoma velikodušan i blag prema drugima. Zbog toga kralj i ostali ministri nisu imali potrebe da imaju rezervu ili da budu što se tiče njega obazrivi ili ljubomorni prema njemu; oni su stavili svoje potpuno poverenje u njega. Iz ove činjenice mi možemo da zaključimo koliko su toplo Egipćani dočekali Josifovu porodicu, koji se preselio u Egipat iz Kana da bi izbegao glad.

Josifova ljubaznost je praćena nevinom velikodušnosti

Ako neko ima ovu nežnu velikodušnost, to znači da ima široko srce, i on neće širiti osude i optužbe na druge svojim stavovima iako je on odvažan u njegovim rečima i delima. Ove osobine Josifove su dobro predstavljene kada su njegova braća koja su ga prodala kao roba u Egiptu, ušli u Egipat u potrazi za hranom.

Najpre, braća nisu odmah prepoznala Josifa To je sasvim razumljivo jer ga oni nisu videli više od dvadeset godina. Šta više, oni nisu mogli ni da zamisle da je Josif postao prvi ministar Egipta. Sada, šta je Josif osetio kada je video svoju braću koja su ga zamalo ubila ali na kraju su ga prodali kao roblje u Egiptu? On je imao moć da im naplati za njihove grehe. Ali Josif nije hteo da se osveti. On je sakrio svoj identitet i testirao ih je nekoliko puta da vidi da li su se njihova srca promenila ili su ista kao u prošlosti.

Josif im je u stvari dao šansu da se sami pokaju u svojim grehovima ispred Boga, zato što greh u planiranju ubistva i prodavanje sopstvenog brata kao roba drugoj zemlji nije bilo nešto beznačajno. On im nije samo bez razlike oprostio niti ih je kaznio, već je navodio tok situacije da bi njegova braća mogla sama da se pokaju u sopstvenim grehovima. Na kraju, samo onda kada su se njegova braća setila svoje greške i požalila, Josif je otkrio svoj identitet.

U tom momentu, njegova braća su počela da se plaše. Njihovi životi su bili u rukama njihovog brata Josifa koji je sada prvi ministar Egipta, najjače nacije na zemlji u to vreme. Ali Josif nije imao želju da ih upita zašto su učinili to što su učinili. On ih nije plašio govoreći im: „Sada ćete vi platiti za svoje grehe.“ Radije on je pokušavao da im ugodi i da im olakša misli. „A sada nemojte žaliti niti se kajati što me prodadoste ovamo, jer Bog mene posla pred vama radi života vašeg“ (Postanak 45:5).

On je prepoznao činjenicu da je sve po planu Božjem. Josif ne

Karakteristike ljubavi

samo da je oprostio svojoj braći već je i ugađao njihovim srcima dirljivim rečima, razumejući ih u potpunosti. To znači da je Josif pokazao dela koja bi mogla dodirnuti i neprijatelja, što je spoljašnja nevina velikodušnost. Josifova ljubaznost ispunjena nevinom velikodušnosti je bila izvor moći da spase mnogo duša u i van Egipta i u osnovi ispuni Božji neverovatan plan. Kao što je do sada objašnjeno, nevina velikodušnost je spoljašnji izraz unutrašnje ljubaznosti, i ona može da dotakne srca mnogih ljudi i da pokaže veliku moć.

Posvećenje je neophodno da bi imali nevinu velikodušnost

Baš kao što unutrašnja ljubaznost može biti ispunjena kroz posvećenje, nevina velikodušnost može takođe da se kultiviše kada odbacimo zlo i postanemo posvećeni. Naravno, čak iako neko nije posvećen, on će možda moći da pokaže nežnu velikodušnost do neke mere kroz obrazovanje ili zato što je rođen širokog srca. Ali iskrena nevina velikodušnost može da izađe iz srca koje je slobodno od zla i koje prati samo istinu. Ako mi želimo da kultivišemo nevinu velikodušnost u potpunosti, nije dovoljno samo da izvučemo glavno korenje zla iz naših srca. Mi moramo da odbacimo čak i tragove zla (1. Solunjanima Poslanica 5:22).

To je citirano iz Jevanđelja po Mateju 5:48: „Budite vi dakle savršeni, kao što je savršen Otac vaš nebeski." Kada smo mi odbacili sve vrste zla iz srca i takođe postali nevini u našim rečima i ponašanju, mi možemo da kultivišemo ljubaznost tako da mnogi ljudi mogu da se odmore uz nas. Iz ovog razloga mi ne smemo da se zadovoljimo kada smo na kraju dostigli nivo gde smo odbacili zlo kao što je mržnja, ljutnja, ljubomora, arogancija i tvrdoglavost. Mi takođe treba da odvojimo čak i sitna nedela od tela, i da pokažemo dela istine kroz Reč Božju i revnosne molitve primajući vodstvo Svetog Duha.

Koje su najsitnija nedela tela? Poslanica Rimljanima 8:13 govori: „Jer ako živite po telu, pomrećete; ako li duhom poslove telesne morite, živećete."

Telo se ovde ne odnosi samo na fizičko telo. Telo se duhovno odnosi na telo čoveka nakon što se istina povukla iz njega. Zbog toga, dela tela se odnose na dela koja potiču od neistine koja je ispunila ljudstvo koje se promenilo u meso. Dela tela uključuju ne samo dokaze grehova već takođe i vrstu nesavršenih potreba ili dela.

Ja imam određeno iskustvo iz prošlosti. Kada samo dodirivao neki predmet, osećao sam kao da sam dobijao električni šok i mogao sam svaki put da padnem u grč. Počeo sam da se plašim od dodirivanja bilo čega. Prirodno, kad god bih dodirnuo nešto posle toga, imao bi molitvene misli pozivajući Gospoda. Nisam imao takva osećanja kada bih dodirivao predmete pažljivo. Kada sam otvarao vrata, držao sam kvaku veoma nežno. Morao sam da budem veoma oprezan čak i kada sam se rukovao sa članovima crkve. Takav fenomen trajao je nekoliko meseci, i svako moje ponašanje je bilo oprezno i nežno. Kasnije sam shvatio da je Bog moja dela načinio savršenim kroz moje telo kroz ovo iskustvo.

Možda će se smatrati beznačajnim, ali put ponašanja svakog pojedinca je veoma važan. Neki ljudi iz navike imaju fizičke kontakte sa drugima kada se smeju ili razgovaraju sa ljudima koji su odmah pored njih. Neki imaju veoma glasan glas bez obzira na vreme i mesto i čine neprijatnost drugima. Ovo ponašanje nisu velike greške ali su i dalje nesavršena mala dela tela. Oni koji imaju nežnu velikodušnost imaju pravično ponašanje u svakodnevnom životu, i mnogi ljudi bi želeli da se odmore uz njih.

Promeniti osobine srca

Sledeće, mi moramo da kultivišemo osobine naših srca da bi posedovali nevinu velikodušnost. Osobine srca se odnose na veličinu srca. U skladu sa osobinama svačijeg srca, neki ljudi čine više nego što je očekivano od njih dok neki drugi rade samo on što im je pripisano da urade ponekad čak i manje od toga. Čovek sa nevinom velikodušnosti ima osobine srca koje donosi mudrost tako da on ne samo da gleda svoje svoje lične stvari već se takođe brine i o drugima.

Poslanica Filipljanima 2:4 govori: „Ne gledajte svaki za svoje, nego i za drugih." Ova osobina srca može da se razlikuje u skladu sa time koliko smo mudro raširili naše srce u svim okolnostima, tako da možemo da ga promenimo u učestalim naporima. Ako mi nestrpljivo gledamo samo na sopstvene interese, mi bi trebali da se molimo do detalja i promenimo naše ograničene misli u one široke koje prvo razmatraju korist i situaciju drugih.

Sve dok nije prodat u ropstvo u Egiptu, Josif je bio podizan kao biljka i cveće koje raste u zelenoj kućici. On nije mogao da vodi računa o svakoj aferi kuće ili da meri srca i ponašanje njegove braće koji nisu voljeni od strane oca. Kroz različita iskušenja, on je počeo da poseduje srce da obrati pažnju i da savlada svaki ugao u svojoj okolini, i on je naučio kako da razmatra srca drugih.

Bog je raširio Josifovo srce u pripremanju za vreme kada će Josif postati prvi ministar Egipta. Ako mi ispunimo ove osobine srca zajedno sa vrstom nevinog srca, mi takođe možemo da savladamo i da brinemo o značajnim organizacijama. To je vrlina koju vođa mora imati.

Blagoslovi za kralja

Koje vrste blagoslova će biti date onima koji su ispunili savršenu ljubaznost i uklone zlo iz srca i kultivišu nevinu velikodušnost? Kao što je rečeno u Jevanđelju po Mateju 5:5: „Blago krotkima, jer će naslediti zemlju,“ i u Psalmima 37:11: „A smerni će naslediti zemlju, i naslađivaće se množinom mira,“ oni mogu naslediti zemlju. Zemlja ovde simbolizuje mesto boravka nebeskog kraljevstva, a naslediti zemlju znači: „uživanje u velikoj moći Neba u budućnosti.“

Zašto će oni uživati u velikoj vlasti na Nebu? Ljubazna osoba jača druge duše sa srcem našega Oca Boga i dodiruje njihova srca. Što je više nežnija, više duša će se odmoriti uz njega i zajedno sa njim će biti vođeni ka spasenju. Ako mi možemo da postanem veliki čovek u kome mnogi ljudi nalaze odmor, to znači da smo drugima služili do velike mere. Nebeska vlast će biti data takvima koji služe. Jevanđelje po Mateju 23:11 kaže: „A najveći između vas da vam bude sluga.“

Na taj način, nežna osoba će moći da uživa u velikoj moći i naslediće široku i mudru zemlju kao mesto boravka kada dostigne Nebo. Čak i na ovoj zemlji, oni ljudi koji imaju veliku moć, zdravlje, drže se na dobrom glasu i imaju vlast, njih mnogi ljudi prate. Ali ako oni izgube sve ono što su posedovali, oni će najviše izgubiti svoju vlast, i mnogi ljudi koji su ih pratili će ih napustiti. Duhovna vlast koja prati ljubaznu osobu se razlikuje od one na ovoj zemlji. Ona niti nestaje niti se menja. Na ovoj zemlji, kako njegova duša napreduje, on je uspešan u svemu. Takođe, na Nebu on će biti veoma nagrađen i voljen od Boga zauvek i biće poštovan od brojnih duša.

3. Ljubav nije ljubomora

Neki odlični studenti se organizuju i skupljaju beleške na pitanja koja su predhodno propustili na testovima. Oni ispituju razloge zašto nisu uspeli da dobiju tačna pitanja i temeljno obrađuju predmet pre nego što nastave dalje. Oni kažu da je ova metoda mnogo korisna za učenje predmeta za koji su našli da je težak za veoma kratko vreme. Ova ista metoda može biti primenjena kada se kultiviše duhovna ljubav. Ako mi preispitujemo naša dela i reči do detalja i odbacimo sve naše nedostatke jedan po jedan, onda mi možemo da ispunimo duhovnu ljubav u veoma kratkom vremenu. Hajde da pogledamo u sledeće osobine duhovne ljubavi-„Ljubav nije ljubomora."

Ljubomora se javlja kada osećaj ljubomorne ogorčenosti i nesreće raste neprestano i zla dela protiv drugih osoba. Ako mi imamo osećaj da smo ljubomorni i ljuti u našim mislima, mi ćemo imati bolesne misli kada vidimo nekoga da je pohvaljen ili omiljen. Ako naiđemo na osobu koja je obrazovanija, bogatija ili sposobnija od nas samih, ili ako je neko od naših kolega napredovao i postao omiljen od mnogih ljudi, mi ćemo možda osetiti ljutnju. Ponekad mi ćemo možda mrzeti tu osobu, poželećemo da ga prevarimo u svemu što ima i da gazimo po njemu.

Sa druge strane mi ćemo se možda osetiti obeshrabreno misleći: „On je tako omiljen od strane drugih, a šta sam ja? Ja sam ništa!" Drugim rečima, osećamo tugu zato što se upoređujemo sa

Karakteristike ljubavi

drugima. Kada se osećamo obeshrabreno neki od nas će misliti da to nije ljubomora. Ali, ljubav se raduje sa istinom. Drugim rečima, ako imamo iskrenu ljubav mi ćemo se radovati kada druga osoba napreduje. Ako smo obeshrabreni i korimo sebe, ili se ne radujemo sa istinom, ovo je zbo našeg ega ili je naše „ja" još uvek aktivno. Zato što naše „ja" je živo, naš ponos je povređen kada osetimo da smo manji od drugih.

Kada ljutite misli rastu i onda izlaze u slabim rečima i delima, to je ljubomora o kojoj Poglavlje Ljubav govori. Ako se ljubomora razvija do neke mere, pojedinac može da ugrozi ili da čak ubije druge ljude. Ljubomora je spoljašnji odnos zla i nečistog srca i prema tome veoma je teško za one koji imaju ljubomoru da dobiju spasenje (Poslanica Galaćanima 5:19-21). To je zato što je ljubomora jasan dokaz dela mesa, što je greh vidljivo počinjen od spolja. Ljubomora može biti svrstana u nekoliko vrsta.

Ljubomora u romantičnoj vezi

Ljubomora je podstaknuta da deluje kada osoba u vezi želi da dobije više ljubavi i povoljnosti od druge nego što ih on/ona dobijaju. Na primer, Jakovove dve supruge, Lija i Rahilja, bile su ljubomorne jedna na drugu u želji da budu omiljene kod Jakova. Lija i Rahilja su bile sestre, obe ćerke Lavana, Jakovljevog ujaka.

Jakov je oženio Liju kao ishod obmane prema njegovom ujaku Lavanu sukobeći se sa njegovim željama. Jakov je u stvari voleo Lijinu mlađu sestru, Rahilju, i dobio je kao njegovu ženu nakon 14.god., služenja njegovom ujaku. Od samog početka Jakov je voleo Rahilju više nego Liju. Ali Lija je rodila četvoro dece dok Rahilja nije mogla da rodi ni jedno dete.

U to vreme bilo je sramotno za ženu da nema dece i Rahilja je bila stalno ljubomorna na njenu sestru Liju. Ona je bila toliko zaslepljena svojom ljubomorom da je veoma otežavala život takođe i svom suprugu Jakovu. „Daj mi dece, ili ću umreti" (Postanak 30:1).

Obe i Rahilja i Lija su dale svoje dodeljene sluškinje Jakovu kao konkubine da bi isključivo imale njegovu ljubav. Da su one skupljale samo malo iskrene ljubavi u svojim srcima, one su mogle da se raduju kada bi druga bila voljena od njenog supruga. Ljubomora je sve njih-Liju, Rahilju i Jakova- učinila nesrećnim. Šta više, to je imalo uticaja takođe i na njihovu decu.

Ljubomora kada je situacija drugih mnogo uspešna

Pogled na ljubomoru svakog pojedinca se razlikuje u skladu sa vrednosti života svakog pojedinca. Ali obično kada je drugi bogatiji, mnogo obrazovaniji i više sposobniji od nas ili kada je drugi omiljeniji ili voljeniji, mi možda postajemo ljubomorni. Nije teško da pronađemo sebe u situaciji ljubomore u školi, na poslu ili u kući kada ljubomora izađe iz osećanja da je neko bolji nego što smo mi. Kada se neprestano uzdiže ili napreduje više nego mi, mi ćemo ga možda mrzeti ili ćemo udariti drugog. Mi ćemo možda misliti da treba da gazimo po drugima da bi bili mnogo naprezniji i mnogo omiljeniji.

Na primer, neki ljudi svaljuju tuđu krivicu i nedostatke na radnom mestu i uzrokuju im da dođu do nepravednih sumnji i ispitivanja od pretpostavljenih zato što oni žele da budu ti koji hoće da budu unapređeni u svojoj kompaniji. Mladi studenti nisu izuzetci iz ovoga. Neki studenti gnjave druge studente koji se ističu akademski ili maltretiraju one studente koji su omiljeni od učitelja. Kod kuće, deca šamaraju i svađaju se sa braćom i sestrama kako bi više bili prepoznatljivi i voljeniji kod svojih roditelja. Drugi to rade zato što žele da naslede više imetka od roditelja.

To je bio slučaj sa Kainom, prvim ubicom u ljudskoj istoriji. Bog je prihvatio samo Aveljovu prinosnu žrtvu. Kain se osećao uvređenim i kako je ljubomora u njemu gorela na kraju je ubio svog sopstvenog brata Avelja. On mora da je mnogo puta slušao i žrtvama u krvi životinja od svojih roditelja Adama i Eve, i mora da je veoma dobro znao o tome. „I gotovo sve se krvlju čisti po zakonu, i bez prolivanja krvi ne biva oproštenje" (Poslanica Jevrejima 9:22).

Uprkos tome, on je samo dao žrtvu žetve sa zemlje koju je obrađivao. Suprotno tome, Avelj je dao žrtvu prvorođenog jagnjeta što je srce u skladu sa voljom Božjom. Neki će možda misliti da nije bilo teško Avelju da da žrtvu jagnjeta zato što je bio pastir, ali to nikada nije bio slučaj. On je naučio volju Božju od njegovih roditelja i želeo je da prati Njegovu volju. Iz ovog razloga Bog je prihvatio samo Aveljovu žrtvu. Kain je postao ljubomoran na svog brata umesto da žali zbog svoje krivice. Jednom kada se zapali, plamen ljubomore ne može da se ugasi i na kraju je on ubio njegovog brata Avelja. Koliko mnogo bola su Adam i Eva imali zbog ovoga!

Ljubomora između braće u veri

Neki vernici su ljubomorni na drugu braću i sestre u veri koji su ispred njih po redu, poziciji, veri ili predanosti Bogu. Takav fenomen se obično događa kada je neko drugi sličan njihovim godinama, poziciji i dužinom vremena koliko je vernik, ili kada veoma dobro poznaju tu osobu.

Kao što u Jevanđelju po Mateju 19:30 piše: „Ali će mnogi prvi biti poslednji i poslednji prvi,“ ponekad oni koji su manje godina od nas u godinama vere, godinama i tituli crkve, mogu da budu ispred nas. Onda, mi možemo da osetimo jaku ljubomoru prema njima. Takva ljubomora ne postoji samo između vernika u istoj crkvi. Ona može biti predstavljena i između pastora i članova crkve, između crkava ili čak i između drugim hrišćanskim organizacijama. Kada osoba daje slavu Bogu, svi treba da se raduju zajedno ali oni radije klevetaju druge kao da su jeretici u nameri da oljagaju ime drugih ljudi ili organizacija. Šta će roditelji osećati ako se njihova deca svađaju i mrze jedno drugo? Čak i ako deca njima daju dobru hranu i dobre stvari, oni neće biti srećni. I ako vernici koji su ista deca Božja se svađaju i raspravljaju jedni između drugih, ili ako ima ljubomore između crkava, to će samo uzrokovati našem Gospodu da se mnogo srdi.

Saulova ljubomora prema Davidu

Saul je bio prvi kralj Izraela. On istrošio svoj život zbog ljubomore prema Davidu. Za Saula, David je bio kao vitez u sijajućem oklopu koji je spasao njegovu zemlju. Kada je moral vojske dostigao samo dno zbog zastrašivanja Golijata Filistine, David je napravio meteorski uspon i oborio šampiona Filistine sa praćkom. Običan čin doneo je pobedu Izraelu. Od tada, David je obavljao mnoge važne zadatke čuvajući zemlju od napada Filistijca. Problem između Saula i Davida nastao je od ovog momenta. Saul je čuo nešto veoma uznemirujuće od mase koja je dočekivala Davida koji se vraćao sa pobedom na bojnom polju. Bilo je to: „Saul zgubi svoju hiljadu, ali David svojih deset hiljada" (1. Poslanica Samuelova 18:7).

Saul se osećao veoma nelagodno i pomislio je: „Kako oni mogu da se porede sa Davidom? On nije ništa nego samo običan pastir?"

Njegova ljutnja se širila kako je nastavljao da misli o primedbama. On nije mislio da je dobro za ljudi da slave toliko mnogo Davida, i od tada pa nadalje Davidova dela su se činila sumnjičavim za njega. Saul je verovatno mislio da je David činio dela na način da kupi ljudska srca. Sada, strela Saulove mržnje je ciljala prema Davidu. On je mislio: „Ako je David već pridobio srca ljudi, za pobunu je samo pitanje vremena!"

Kako su njegove misli postajale preuveličavane, Saul je tražio priliku da ubije Davida. U jednom momentu, Saul je patio od zlih duhova a David je svirao na harfi za njega. Saul je iskoristio priliku i bacio je koplje na njega. Na sreću David se izmakao i izbegao je. Ali Saul nije odustao od svojih napora da ubije Davida. On je

Ljubav: Ispunjenje Zakona

neprestano proganjao Davida sa svojim oružjem.

Uprkos svemu ovome, David nije imao želju da naudi Saulu zato što je kralj bio pomazan od samog Boga, i kralj Saul je to znao. Ali plamen Saulove ljubomore koje se rasplamsalo nije se ohladilo. Saul je neprestano patio od uznemiravajućih misli koje su rasle iz njegove ljubomore. Sve dok nije ubijen u bici sa Filistinima, Saul nije imao odmora od njegove ljubomore prema Davidu.

Oni koji su bili ljubomorni na Mojsija

U Brojevima 16, mi čitamo o Koreju, Datanu i Aviramu. Koreja je bio Levićanin, a Datan i Aviram su bili Reuvimi. Oni su zlopamtili sve prema Mojsiju i njegovom bratu i pomoćniku Aronu. Oni su bili uvređeni činjenicom da je Mojsije bio princ Egipta a sada je vladao nad njima a bio je izbeglica i pastir u Madijamu. Iz drugog ugla, oni sami su hteli da postanu vođe. Tako da, oni su ostvarivali kontakte sa ljudima da bi ih pridobili da se priključe njihovoj grupi.

Koreja, Datan i Aviram su okupili 250 ljudi koji su ih pratili i oni su pomislili da će dobiti moć. Oni su otišli kod Mojsija i raspravljali se sa njim. Oni su rekli: „Dosta nek vam je, sav ovaj narod, svi su sveti, i među njima je GOSPOD; zašto se vi podižete nad zborom GOSPODNJIM?" (Brojevi 16:3)

Iako se nisu uzdržavali u raspravama sa njim, Mojsije im nije ništa odgovarao da im uzvrati. On je samo kleknuo ispred Boga i pokušavao je da im ukaže na njihove greške i on je preklinjao je

Boga za Njegovu osudu. U to vreme Božji gnev se probudio protiv Koreja, Datana i Avirama i prema onima sa njima. Zemlja je otvorila svoja usta, a Koreja, Datan i Aviram zajedno sa svojim ženama i njihovim sinovima i onim najmanjima upali su živi u Šeol. Vatra je takođe došla od GOSPODA i obuzela je dve stotine i pedeset ljudi koji su nudili tamjan.

Mojsije nije uzrokovao nikakvu štetu ljudima (Brojevi 16:15). On je samo činio ono najbolje da povede ljude. On je dokazao da je Bog bio sa njima s vremena na vreme kroz znakove i čuda. On im je pokazao deset zapovesti u Egiptu, dozvolio im je da pređu Crveno more po suvoj zemlji odvojivši ga na dva dela; on im je dao vodu iz kamena i dao im je da jedu manu i prepelice u divljini. Čak i tada oni su klevetali i stajali su protiv Mojsija govoreći da je sam sebe uzdizao.

Bog je takođe dao ljudima da vide koliko je veliki greh biti ljubomoran na Mojsija. Osuđivati i optuživati čoveka postavljenog od samog Boga je isto i kao osuđivanje i optuživanje od Boga. Prema tome, mi ne smemo sa nepažnjom kritikovati crkve i organizacije koje rade u ime Gospoda govoreći da su one pogrešne ili jeretičke. Pošto smo svi braća i sestre u Bogu, ljubomora između nas samih je veliki greh ispred Boga.

Ljubomora nad stvarima koje su beznačajne

Možemo li mi dobiti ono što želimo ako smo ljubomorni? Nikako! Mi ćemo možda moći da dovedemo druge ljude u neprijatne situacije i to će se činiti da želimo sebe da dovedemo ispred njih, ali u stvari mi ne možemo da dostignemo sve što želimo. Poslanica Jakovljeva 4:2 kaže: „Želite i nemate; ubijate i zavidite, i ne možete da dobijete. Borite se i vojujete, i nemate, jer ne ištete."

Umesto ljubomore, razmotrite šta je zapisano u Knjizi o Jovu 4:8: „Kako sam ja video, koji oru muku i seju nevolju, to i žanju." Zlo koje vi činite će vam se vratiti kao bumerang.

U odmazdi za zlo koje ste posejali, vi ćete se možda suočiti sa katastrofom u svojoj porodici ili na radnom mestu. Kao što je u Poslovicama 14:30 rečeno: „I od smeha boli srce, i veselju kraj biva žalost," ljubomora prouzrokuje samostalnu zadatu bol, i zbog toga ona je u potpunosti beznačajna. Prema tome, ako vi želite da budete ispred drugih, vi morate da pitate Boga koji sve kontroliše radije nego da trošite vašu energiju u mislima i delima ljubomore.

Naravno, vi ne možete da dobijete sve što potražite. U Jakovljevoj Poslanici 4:3 se kaže: „Ištete, i ne primate, jer zlo ištete, da u slastima svojim trošite." Ako vi tražite nešto da bi to potrošili na vaša zadovoljstva, vi ne možete to da dobijete zato što to nije volja Božja Ali u većini slučajeva ljudi traže samo prateći svoje požude. Oni traže raskoš, slavu i moć zbog svoje ugodnosti i ponosa. Ovo me rastužuje na mom kursu mog službovanja. Pravi i iskreni blagoslov nije raskoš, bogatstvo i moć već napredak nečije duše.

Bez obzira u koliko stvari ste vi uživali, koja je korist od toga ako vi ne dobijete spasenje? Ono čega mi treba da se setimo je da će sve stvari na ovoj zemlji nestati kao magla. 1. Jovanova Poslanica 2:17 govori: „I svet prolazi i želja njegova; a koji tvori volju Božiju ostaje doveka," i Knjiga Propovednika 12:8 kaže: „'Taština nad taštinama', veli Propovednik: 'sve je taština!'"

Ja se nadam da vi nećete postati ljubomorni na vašu braću i sestre pripajanjem beznačajnih stvari ove zemlje već da ćete imati srce koje je pravedno iz Božjeg pogleda. Onda, Bog će odgovoriti željama vašeg srca i daće vam večno kraljevstvo Neba.

Ljubomora i duhovne želje

Ljudi veruju u Boga i pak postaju ljubomorni zato što imaju malo vere i ljubavi. Ako vam manjka ljubav prema Bogu i imate malo vere u kraljevstvo nebesko, vi ćete možda postati ljubomorni da bi dostigli raskoš, bogatstvo i moć ove zemlje. Ako vi imate potpunu sigurnost u pravednost dece Božje i pravo na boravak na Nebu, braća i sestre u Hristu će biti mnogo dragoceniji od onih od vaše zemaljske porodice. To je zato što vi verujete da ćete vi živeti sa njima zauvek na Nebu.

Čak i nevernici koji nisu prihvatili Isusa Hrista su dragoceni i oni su koje treba da vodimo ka nebeskom kraljevstvu. Po ovoj veri, kako smo kultivisali ljubav u nama, mi ćemo moći da volimo naše komšije kao što volimo sebe. Onda, kada drugima ide veoma dobro, mi ćemo biti toliko srećni kao da nama samima ide veoma dobro. Oni koji imaju iskrenu veru neće težiti ka beznačajnim stvarima ove zemlje, već će oni pokušati da budu marljivi u delima Gospodnjim kako bi dobili nebesko kraljevstvo silom. Naime, oni će imati duhovne želje.

„A od vremena Jovana Krstitelja do sad carstvo nebesko na silu se uzima, i siledžije dobijaju ga" (Jevanđelje po Mateju 11:12).

Duhovna želja se zaista razlikuje od ljubomore. Veoma je važno imati želju da budete entuzijazični i predani delima Gospodovim. Ali ako strast pređe granicu i pomeri se od istine ili ako uzrokuje da se drugi sapletu, to nije prihvatljivo. Dok smo revnosni u delima Gospodovim, mi treba da pazimo na potrebe ljudi u našoj okolini, da tražimo njihovu korist i imamo mir sa svakim.

4. Ljubav se ne hvali

Postoje ljudi koji se uvek hvale sami sobom. Oni ne mare o tome kako se drugi osećaju kada se hvale. Oni samo žele da se iskazuju u tome šta oni imaju dok teže da zarade prepoznavanje drugih. Josif se hvalio svojim snom kada je bio mladi dečak. To je uzrokovalo da ga njegova braća mrze. Pošto je on bio voljen od oca na poseban način, on u stvari nije dobro razumeo srca svoje braće. Kasnije, on je bio prodat kao rob u Egiptu i prošao je kroz mnoga iskušenja da bi na kraju kultivisao duhovnu ljubav. Pre nego što ljudi kultivišu duhovnu ljubav, oni će možda rasturiti mir dok se šepure i uzdižu sebe. Zbog toga Bog kaže: „Ljubav se ne hvali.“

Jednostavno rečeno, hvaliti se je da bi pokazivali sebe same. Ljudi obično žele da budu prepoznatljivi ako oni urade ili imaju nešto bolje od drugih. Kakva će biti rezultat takvog hvalisanja?

Na primer, neki roditelji su pompezni i hvalisavi zato što njihova deca veoma dobro studiraju. Onda, drugi ljudi mogu da se raduju sa njima, ali većina njih ima svoje ponosno srce i loše će se osećati zbog toga. Oni će možda čak i grditi svoju decu bez razloga. Bez obzira koliko dobro vašem detetu ide u njegovom učenju, ako vi imate makar malo dobrote da imate osećaj poštovanja prema drugima, vi nećete da se hvalite vašim detetom na ovaj način. Vi ćete takođe poželeti da i dete vašeg komšije uči dobro, i ako to čini, vi ćete ga radosno pohvaliti.

Oni koji se hvale će takođe nameravati da budu manje nego voljni da prihvate i da komentarišu dobro učinjeno delo drugih ljudi. Bilo na ovaj ili onaj način oni nameravaju da degradiraju druge zato što misle da su oni beznačajni do mere da drugi jesu prepoznati. Ovo jeste jedan način koji uzrokuje nevolje. Činiti na ovaj način, hvalisavo srce je veoma daleko od iskrene ljubavi. Vi ćete možda misliti da ako uzdižete sebe vi ćete biti prepoznatljivi, ali to samo stvara poteškoće vama da dobijete iskreno poštovanje i ljubav. Umesto da vam ljudi oko vas zavide, to će izazvati kivnost i ljubomoru prema vama. „A sad se hvalite svojim ponosom. Svaka je hvala takva zla" (Jakovljeva Poslanica 4:16).

Hvalisavi ponos života dolazi od ljubavi prema svetu

Zašto se ljudi hvale sami sobom? To je zato što imaju hvalisavi ponos života nad sobom. Hvalisavi ponos života se odnosi na „prirodno uzdizanje sebe u skladu sa zadovoljstvima ove zemlje." Ovo potiče od ljubavi prema svetu. Ljudi se obično hvale o stvarima za koje smatraju da se važne. Oni koji vole novac će se hvaliti zbog novca koji imaju, a oni koji smatraju da je spoljašnji izgled bitan, hvaliće se time. Naime, oni stavljaju novac, spoljašnji izgled, bogatstvo i socijalnu moć ispred Boga.

Jedan od članova naše crkve je imao uspešno poslovanje prodavajući kompjutere poslovnim skupovima Koreje. On je želeo da proširi svoj biznis. On je dobio različite vrste kredita i investirao je u dozvolu za Internet kafe i Internet emitovanje. On je učvrstio kompaniju sa početničkim kapitalom od dva biliona vona (won-korejski novac), što je oko dva miliona Američkih dolara.

Ali povraćaj je bio veoma oslabljen i gubitak je rastao da bi na kraju dovelo do bankrota kompanije. Njegova kuća je bila predata na aukciji, a njegovi zajmodavci su jurili za njim. On je morao da živi u maloj kući u podrumu ili na tavanu. Onda je počeo da sebe gleda unazad. On je shvatio da je imao želju da se hvali o svojim uspesima i da je bio pohlepan za novac. On je razumeo da je ljudima u okolini otežavao vreme zato što je širio svoj posao van svojih mogućnosti.

Kada se on iskreno pokajao ispred Boga svom svojim srcem i odbacio njegovu pohlepu, on je bio srećan čak i dok je imao posao da čisti kanalizacione cevi i septičke jame. Bog je razmotrio njegovu situaciju i pokazao mu je put da počne iznova novi posao. Sada, on hoda pravim putem sve vreme, njegov posao je uspešan.

1. Jovanova Poslanica 2:15-16 govori: „Ne ljubite svet ni što je na svetu. Ako ko ljubi svet, nema ljubavi Očeve u njemu. Jer sve što je na svetu, požuda mesa i požuda očiju, i ponos života, nije od Oca, nego je od ovog sveta."

Jezekija, trinaesti kralj južnjački Judin, je bio prav u Božjim očima i on je takođe pročistio Hram. On je prevazišao invaziju Asirije kroz molitvu; kada je on postao bolestan, on se molio sa suzama i dobio je produžetak svog života na 15. godina. Ali ipak je imao hvalisavi ponos života koji je ostao u njemu. Nakon što se on oporavio od svoje bolesti, Vavilon je poslao svoje diplomate.

Jezekija je bio srećan što ih je primio i pokazao im je njegovu dragocenu kuću, srebro i zlato i mirise i dragocena ulja i ceo njegov arsenal i sve što se nalazilo među njegovim dragocenostima. Zbog njegovog hvaljenja, južnu Judinu je napao

Vavilon i sve dragocenosti su bile oduzete (Isaija 39:1-6). Hvalisanje potiče pd ljubavi prema svetu, i to znači da osoba nema ljubavi prema Bogu. Prema tome, da bi kultivisao iskrenu ljubav, pojedinac treba da odbaci hvalisavi ponos života iz njegovog srca.

Hvaliti se u Gospodu

Postoji vrsta hvalisanja koja je dobra. To je hvaliti se Gospodom kao što je napisano u 2. Poslanici Korinćanima 10:17: „A koji se hvali, Gospodom neka se hvali.“ Hvaliti se u Gospodu je dati slavu Bogu, time još bolje. Dobar primer takvog hvaljenja je „svedočenje.“

Pavle govori u Poslanici Galaćanima 6:14: „A ja Bože sačuvaj da se čim drugim hvalim osmi krstom Gospoda našeg Isusa Hrista, kog radi razape se meni svet, i ja svetu.“

Kao što je on rekao, mi se hvalimo Isusom Hristom koji je nas spasao i dao nam je nebesko kraljevstvo. Mi smo bili osuđeni na večnu smrt kroz naše grehove, ali zahvaljujući Isusu Hristu koji je platio naše grehove na krstu, mi smo dobili večni život. Koliko zahvalni trebamo biti!

Iz ovog razloga apostol Pavle se hvalio o njegovim slabostima. U 2. Poslanici Korinćanima 12:9 se kaže: „I reče [Gospod] mi: 'Dosta ti je Moja blagodat; jer se Moja sila u slabosti pokazuje sasvim.' Dakle ću se najslađe hvaliti svojim slabostima, da se useli u mene sila Hristova.“

U stvari, Pavle je izvodio toliko mnogo znakova i čuda da su ljudi čak donosili bolesnima maramice ili kecelje koje su ga dodirnule i bolesni su bili su izlečeni. On je napravio tri misionarska puta u vođenju toliko mnogo ljudi ka Gospodu i postavio je mnogo crkava u mnogim gradovima. Ali on govori da nije to on koji je uradio sva ova dela. On se samo hvalio da je to bila milost Božja i moć Gospoda koja mu je dozvolila da uradi to što je uradio.

Danas, mnogi ljudi svedoče o susretu i iskustvu sa živim Bogom u njihovim svakodnevnim životima. Oni prenose ljubav Božju govoreći da su dobili izlečenje od bolesti, finansijski blagoslov i porodični mir kada su iskreno tražili Boga i kada su pokazali dela njihove ljubavi prema njemu.

Kao što je rečeno u Poslovicama 8:17 u kojim čitamo: „Ja ljubim one koji mene ljube, i koji me dobro traže nalaze me," oni su zahvalni što su iskusili veliku ljubav Božju i došli da daju veliku veru, što znači da su dobili duhovne blagoslove. Takvo hvaljenje u Gospodu daje slavu Bogu i usađuje veru i život u ljudskim srcima. Na ovaj način oni skupljaju nagrade na Nebu i željama njihovih srca će biti mnogo brže odgovoreno.

Ali mi treba da budemo oprezni o jednoj stvari ovde. Neki ljudi govore da daju slavu Bogu ali u stvari oni pokušavaju da naprave sebe ili ono što čine poznato drugima. Oni indirektno nagoveštavaju da su mogli da dobiju blagoslove zbog svog ličnog truda. Ono izgleda da su dobili blagoslove od Boga ali u stvari sve ipak pripisuju sami sebi. Sotona će baciti optužbe protiv takvih ljudi. Nakon svega, rezultat njihovog samostalnog hvaljenja biće otkriven; oni će se možda suočiti sa različitim vrstama testova i iskušenja, ili ako ih niko ne prepozna oni će se samo udaljiti od Boga.

Poslanica Rimljanima 15:2 govori: „I svaki od vas da ugađa bližnjemu na dobro za dobar ugled.“ Kao što je rečeno, mi bi trebali uvek u razgovoru sa komšijama da ih uzdižemo, da posadimo veru i život u njima. Baš kao što se voda pročišćava kroz filter, mi treba da imamo filter za naše reči pre nego što ih izgovorimo, da mislimo da li će naše reči uzdignuti ili povrediti osećanja slušalaca.

Odbaciti hvalisavi ponos života

Čak iako imaju mnogo stvari o kojima bi se hvalili, niko ne može da živi večno. Posle ovog života na zemlji, svako će otići ili na Nebo ili u Pakao. Na Nebu, čak i putevi po kojima gazimo su napravljeni od zlata a bogatstvo tamo ne može biti uporedivo sa ovim na ovoj zemlji. To znači da je hvalisanje na ovoj zemlji tako beznačajno. Takođe, čak iako neko ima tako mnogo raskoši, bogatstva, znanja i moći, može li se on hvaliti time ako ode u Pakao?

Isus je rekao: „Jer kakva je korist čoveku ako sav svet dobije a duši svojoj naudi? Ili kakav će otkup dati čovek za svoju dušu? Jer će doći Sin čovečiji u slavi Oca svog s anđelima svojim, i tada će se vratiti svakome po delima njegovim“ (Jevanđelje po Mateju 16:26-27).

Hvaliti se svetom nikada ne može da pruži večni život ili zadovoljstvo. Već radije podstiče rast beznačajnih želja i vodi nas ka uništenju. Kako mi shvatamo ovu činjenicu i ispunimo naše srce sa nadom za Nebo, mi ćemo dobiti snagu da odbacimo

Karakteristike ljubavi

hvalisavi ponos života. To je slično detetu koje lako može da odbaci svoje igračke koje su stare i manje vredne kada dobije sasvim novu igračku. Zato što znamo za blistavu lepotu nebeskog kraljevstva, mi se ne držimo ili se borimo da bi dobili stvari sa ove zemlje.

Jednom kada odbacimo hvalisavi ponos života, mi ćemo se samo hvaliti o Isusu Hristu. Mi nećemo osetiti da je nešto na ovom svetu vredno da bi se hvalili o tome, nego ćemo radije samo osećati ponos slave u kojoj ćemo uživati večno u nebeskom kraljevstvu. Onda, mi ćemo biti ispunjeni radošću za koju nismo znali ranije. Čak iako se suočimo sa nekim teškim situacijama u koraku sa našim životom, mi nećemo osetiti da su one teške. Mi ćemo samo davati zahvalnost za ljubav Božju koji nam je dao Njegovog jednorođenog Sina Isusa da nas spase, i pomoću toga mi možemo biti ispunjeni sa radošću u svim okolnostima. Ako mi ne tražimo hvalisavi ponos života, mi se nećemo osetiti uzdignuto kada dobijemo pohvale, ili da postanemo tužni kada dobijemo prekore. Mi ćemo ponizno samo više da proverimo sebe kada dobijemo pohvale i davaćemo samo zahvalnost kada nas kore i kada još više pokušavamo da se promenimo.

5. Ljubav nije arogantna

Oni koji se hvale o sebi lako mogu da osete da su bolji od drugih i da postanu arogantniji. Ako stvari idu u njihovu korist, oni misle da je to zbog toga jer su oni učinili dobar posao i postaju uobraženi ili lenji. Biblija govori da jedno od zla koje Bog najviše mrzi je arogancija. Arogancija je takođe glavni razlog zbog koga su ljudi izgradili Vavilonsku kulu da bi se u sjedinili sa Bogom, što je događaj kada je Bog odvojio jezike.

Osobine arogantnih ljudi

Arogantna osoba smatra da drugi ljudi nisu bolji od njega samog i druge posmatra sa prezirom ili ih ignoriše. Takva osoba se oseća uzvišenije prema drugima u svakom pogledu. On sebe smatra najboljim. On prezire, gleda dole i pokušava da nauči druge u svakom pogledu. On lako pokazuje arogantni stav prema drugima koji se čine manjim od njega. On ponekad, u njegovoj preteranoj aroganciji, se ne obazire na one koji su ga učili i vodili ili na one na višoj poziciji u poslovanju ili socijalnoj hijerarhiji. On nije voljan da čuje savet, kritike ili konsultovanje koje mu njegov sveštenik daje. On će se žaliti misleći: „Moj sveštenik to govori zato što ne zna zbog čega je to," ili „Ja znam sve i mogu to veoma dobro da uradim."

Takva osoba uzrokuje mnogo rasprava i svađi sa drugima. Poslovice 13:10 govore: „Od oholosti biva samo svađa, a koji primaju savet, u njih je mudrost."

2. Timotijeva Poslanica 2:23 nam govori: „A ludih i praznih zapitkivanja kloni se znajući da rađaju svađe." Zbog toga je tako budalasto i pogrešno da mislite sami da ste u pravu.

Svaka osoba ima drugačiju savest i različito znanje. To je zato što svaki pojedinac se razlikuje u tome šta je on video, čuo iskusio i šta je naučio. Ali većina od znanja svakog pojedinca je pogrešna i neko od njega je pogrešno sakupljano. Ako se to znanje očvrslo bolje u nama duži vremenski period, samopravednost i okviri su onda formirani. Samopravednost je insistirati da je samo naše mišljenje ono pravo, i kada ono ojača ono postaje okvir u razmišljanju. Neki ljudi formiraju svoje okvire sa svojim osobinama ili sa znanjem koje imaju.

Njihovi okviri su kao skelet ljudskog tela. Ono oblikuje izgled svakoga i jednom kada je napravljen, teško može da se slomi. Većina misli ljudi dolaze iz samopravednosti ili od okvira. Osoba koja ima osećaj podčinjenosti reaguje veoma osećajno ako neko drugi ukaže prstom optuživanja prema njemu. Ili, kako reč ide, ako bogata osoba namešta njegovu odeću, ljudi će misliti da se ona hvali i da leprša njegovom odećom. Ako neko koristi neki težak ili obilan rečnik, ljudi misle da on pokazuje svoje znanje i oni ga posmatraju.

Naučio sam od učiteljice iz osnovne škole da je Statua Slobode u San Francisku. Jedva da se sećam kako me je učila sa slikama i mapom Sjedinjenih Država. U ranim 90-im godinama, otišao sam u Sjedinjene Države da bi poveo ujedinjeni skup oživljavanja. To je bilo tada kada sam zapravo naučio da je Statua Slobode u stvari smeštena u gradu Njujorku.

Za mene, Statua Slobode je trebala da bude u San Francisku, tako da ja nisam razumeo zašto je bila u Njujorku. Pitao sam ljude okolo mene i oni su mi rekli da je ona u stvari u Njujorku. Shvatio sam da je parče znanja za koje sam verovao da je istina ustvari bilo pogrešno. U tom momentu, takođe sam naučio da ono čemu verujem može takođe biti pogrešno. Mnogi ljudi veruju i insistiraju na stvarima koje nisu ispravne.

Čak i kada oni pogreše, oni koji su arogantni neće priznati to već će nastaviti da insistiraju na svom mišljenju, i to će dovesti do rasprava. Ali oni koji su ponizni neće se raspravljati čak i kada drugi pogreše. Čak iako su 100% sigurni da su u pravu, oni će opet misliti da greše jer nemaju nameru da pobede druge u svojim argumentima.

Ponizno srce ima duhovnu ljubav koje druge smatra boljima. Čak iako su drugi mnogo manje raskošniji, manje obrazovaniji ili imaju manju socijalnu moć, sa poniznim mislima mi treba da smatramo druge boljima od nas samih iz naših srca. Mi ćemo smatrati da su sve duše veoma dragocene jer su toliko vredne da je Isus Hrist prolio Njegovu krv.

Telesna vera i duhovna vera

Ako jedan pokaže takva spoljašnja dela i sam se šepuri, pokazuje sebe i gleda dole na druge, on lako može da razume ovu aroganciju. Kako mi prihvatimo Gospoda i dođemo do spoznaje istine, ovi telesni atributi mogu lako da budu odbačeni. Suprotno tome, nije lako razumeti i odbaciti duhovnu aroganciju. Šta je onda duhovna arogancija?

Kako vi posećujete crkvu jedno značajno vreme, vi sakupljate mnogo znanja o Božjoj Reči. Vama takođe mogu biti date titule ili pozicija u crkvi ili da budete čak izabrani kao vođa. Onda vi možete osetiti da ste kultivisali veliko znanje Reči Božje u vašim srcima što je dovoljno značenje da mislite: „Toliko toga sam ispunio. Mora da sam u pravu u vezi mnogo stvari!“ Vi možete da prekorite, osudite ili optužite druge sa Reči Božjom sakupljene kao znanje, misleći da samo razaznajete dobro i pogrešno u skladu sa istinom. Neke vođe crkve prate samo svoju korist i krše propise i red koji navodno trebaju da održavaju. Oni definitivno krše red crkve u delima, ali misle: „Za mene je to sasvim u redu zato što sam ja na poziciji. Ja sam izuzetak.“ Takve uzvišene misli su duhovna arogancija.

Ako mi priznamo našu ljubav za Boga dok ignorišemo zakon i

red Božji sa uzvišenim srcem, priznanje nije istina. Ako mi sudimo i optužujemo druge, mi ne možemo da budemo smatrani da imamo iskrenu ljubav. Istina nas uči da gledamo, čujemo i da pričamo samo dobre stvari o drugima.

Ne opadajte jedan drugog, braćo. Ko opada brata ili osuđuje brata svog opada zakon i osuđuje zakon, a ako zakon osuđuješ, nisi tvorac zakona, nego sudija (Jakovljeva Poslanica 4.11).

Kako se vi osećate kada nađete nečije slabosti?
Džek Kornfild (Jack Kornfield), u njegovoj knjizi „Umetnost praštanja, milosti i mira", piše o nekom drugom načinu rešavanja nestručnih dela.

„U Babemba plemenu južne Afrike, kada se osoba ponaša neodgovorno ili nepravedno, ona se stavlja u centar sela, sam i oslobođen. Sav rad prestaje, i svaki čovek, žena i dete iz sela se okuplja u velikom krugu oko optuženog pojedinca. Onda svaka osoba u plemenu govori sa optuženim, jedan po jedan, svako podseća na dobre stvari osobe u centru kruga koje je uradio za vreme života. Svaki incident, svako iskustvo koje može da bude napomenjeno do detalja i precizno, je ispričano. Svi njegovi pozitivni atributi, dobra dela, snaga i ljubaznost su spomenuta pažljivo i dugačko. Ova plemenska ceremonija je često trajala i nekoliko dana. Na kraju, plemenski krug se prekida, ceremonija radosti zauzima mesto i osoba je simbolično i doslovno dobrodošla nazad u pleme.“

Kroz ovaj proces, one osobe koje nisu u pravu, vraćaju svoje samopoštovanje i menjaju mišljenja da bi dale doprinos svojem plemenu. Zahvaljujući takvom jedinstvenom iskušenju, kaže se da kriminalci jedva mogu da se uklope u njihovo društvo.

Kada vidimo nečije greške, mi možemo da mislimo da li ćemo da osuđujemo ili da ih optužimo najpre ili će naše milosno srce izaći ispred toga. Sa ovom merom, mi možemo da testiramo koliko smo mi kultivisali humanost i ljubav. Proveravajući sebe stalno, mi ne treba da budemo zadovoljni sa time šta smo već ispunili, samo zato što smo vernici duže vreme.

Pre nego što je neko postao potpuno posvećen, svako ima prirodu koja prati rast arogancije. Zbog toga, veoma je važno da izbacimo korenje prirodne arogancije. Ono će možda ponovo nići u svakom momentu osim ako ga ne iščupamo u potpunosti sa revnosnim molitvama. To je isto kao kada sečete travu, ona će nastaviti da raste ukoliko nije u potpunosti iščupana. Naime, pošto grešna priroda nije potpuno uklonjena iz srca, arogancija izlazi iz misli ponovo kako neko vodi život u veri duže vreme. Prema tome, mi uvek treba da ponizimo sebe kao decu ispred Gospoda, smatrajući druge boljima od nas, i stalno da se borimo da bi kultivisali ljubav.

Arogantni ljudi veruju u sebe

Navuhodonosor je otvorio zlatno doba velikog Vavilona. Jedan od drevnih čuda, Viseći Vrt je napravljen u to vreme. On je bio ponosan na svoje kraljevstvo i na dela koja su učinjena njegovom velikom moći. On je napravio statuu sebe i naterao ljude da joj se klanjaju. Danilo 4:30 kaže: „I progovori car i reče: 'Nije li to Vavilon veliki što ga ja sazidah jakom silom svojom da je stolica carska, i slava veličanstvu mom?'"

Bog mu je na kraju dao da razume ko je u stvari pravi vladar ovog sveta (Danilo 4:31-32). On je bio izbačen iz palate, pasao je travu kao krave i živeo je život kao divlja životinja u divljini sedam godina. Koje je bilo značenje njegovog prestola u to vreme? Mi ne možemo da dobijemo ništa ako to Bog ne dozvoli. Navuhodonosor se vratio u normalno stanje misli nakon sedam godina. On je shvatio njegovu aroganciju i poznao je Boga. U Danijelu 4:37 čitamo: „Sada ja Navuhodonosor hvalim, uzvišujem i slavim cara nebeskog, čija su sva dela istina i čiji su putevi pravedni i koji može oboriti one koji hode ponosito."

Ne radi se samo o Navuhodonosoru. Neki nevernici na svetu kažu: „Ja verujem u sebe." Ali nije lako za njih da prevaziđu svet. Postoje mnogi problemi na svetu koji ne mogu sa ljudskom sposobnošću da se reše. Čak i najbolja i najsavremenija naučna znanja i tehnologija su beskorisne ispred prirodnih nepogoda

Karakteristike ljubavi

uključujući tajfune ili zemljotrese i druge nepredviđene katastrofe.

I koliko mnogo vrsta bolesti ne mogu biti izlečene čak i sa najmodernijom medicinom? Ali mnogi ljudi se oslanjaju na sebe umesto na Boga kada suoče sa raznim problemima. Oni se oslanjaju na svoje misli, iskustvo i znanje. Ali kada oni nisu ipak uspešni i dalje se suočavaju sa problemima, oni gunđaju protiv Boga uprkos njihovom neverovanju u Boga. To je zato što arogancija boravi u njihovim srcima. Zbog ove arogancije, oni ne priznaju svoju slabost i ne uspevaju da ponizno prepoznaju Boga.

Ono što je jadnije je da se neki vernici u Boga oslanjaju na svet i radije nego na Boga. Bog želi da Njegova deca napreduju i da žive sa Njegovom pomoći. Ali ako oni nisu voljni da ponize sebe ispred Boga u svojoj aroganciji, Bog ne može da im pomogne. Onda, vi ne možete biti zaštićeni od neprijatelja đavola ili da postanete napredniji na vašim putevima. Baš kao što je Gospod rekao u Poslovicama 18:12: „Pred propast podiže se srce čoveka, a pre slave ide smernost," stvar koja uzrokuje vaše propadanje i uništenje nije ništa više od same vaše arogancije.

Bog smatra aroganciju budalastom. U poređenju sa Bogom koji je napravio presto na Nebu i sa podnožjem zemlje, koliko je malo prisustvo čoveka? Svi ljudi su stvoreni po liku Božjem i mi smo svi jednaki kao deca Božja bilo da smo na visokoj ili niskoj poziciji. Bez obzira za koliko stvari mi možemo da se hvalimo na ovoj zemlji, život na ovoj zemlji je samo momenat. Kada ovaj kratak život dođe do kraja, svakom će se suditi pred Bogom. I mi ćemo biti uzdignuti na Nebo u skladu sa time šta smo učinili u poniznosti na ovoj zemlji. To je zato što će Gospod oduševiti nas kao što Poslanica Jakovljeva 4:10 govori: „Ponizite se pred Gospodom, i podignuće vas."

Ako voda ostane u maloj bari, ona će postati ustajala i počeće da propada i crvi će je ispuniti. Ali ako voda stalno cirkuliše niz brdo, ona će na kraju dostići more i daće život mnogim živim bićima. Na isti način, dozvolite nam da ponizimo sebe kako bi mogli da postanemo veliki u Božjim očima.

Osobine duhovne ljubavi I

1. Ona je strpljivost

2. Ona je ljubaznost

3. Ona nije ljubomora

4. Ona se ne hvali

5. Ona nije arogancija

---

6. Ljubav ne deluje nepristojno

„Maniri" ili „Bonton" je društveni način ponašanja, što je u stavu i i vladanju ljudi prema drugima. Vrsta kulturnog bontona ima široki različiti oblik u našim svakodnevnim životima kao što je bonton u našoj konverzaciji, u obrocima ili u ponašanju na javnim mestima kao što su pozorišta.

Prikladni maniri su važni delovi u našim životima. Društveno prihvatljivo ponašanje koje je prikladno za svako mesto ili prilici će uglavnom ostaviti omiljen utisak na druge. Suprotno tome, ako ne prikažemo prikladno ponašanje i ako ignorišemo osnovni bonton, onda možemo uzrokovati nelagodnost prema ljudima u našoj okolini. Šta više, ako kažemo da volimo nekoga a ponašamo se neumesno prema toj osobi, biće veoma teško da ta osoba veruje da je mi zaista volimo.

Merriam-Webster's Online Rečnik definiše „neumesnost" kao „neskladnost sa standardima prikladnih nečijoj poziciji ili uslovima života" I ovde postoje mnoge vrste stavova kulturnog bontona u našem svakodnevnom životu kao što je pozdravljivanje i razgovor. Na naše iznenađenje, mnogi ljudi su nesvesni da su se ponašali neumesno čak i kada su bili nepristojni. Konkretno, nama je lakše da se ponašamo nepristojno prema onima koji su u našoj blizini. To je zato što kada se osećamo lagodno sa nekim ljudima, mi nameravamo da se ponašamo bezobrazno ili bez prikladnog bontona.

Ali ako imamo iskrenu ljubav, mi nikada nećemo da se ponašamo nepristojno. Pretpostavimo da imate veoma vredan i dragocen nakit. Onda, da li ćete se menjati za njega veoma olako? Vi ćete biti veoma oprezni i pažljivi u njegovom držanju da se ne bi slomilo, oštetilo ili da ga izgubite. Na isti način, ako vi zaista volite nekoga, koliko ćete se dragoceno ophoditi prema njemu?

Postoje dve situacije u neumesno-bezobraznom delovanju ispred Boga i neuglednost prema čoveku.

Delovati neumesno prema Bogu

Čak i između onih koji veruju u Boga i govore da oni vole Boga, kada mi vidimo njihova dela i čujemo njihove reči postoje mnogi oni koji su daleko od voljenja Boga. Na primer, dremanje za vreme službe je jedna od osnovnih nepristojnosti pred Bogom.

Dremanje za vreme službe bogosluženja je isto kao i drcmanje u prisustvu Samog Boga. Biće to krajnje nepristojno uspavati se ispred predsednika zemlje ili glavnog direktora Kompanije (CEO). Onda, koliko će više nepristojno biti ako se uspavamo pred Bogom? Biće onda sumnjivo ako nastavite da priznajete da još uvek volite Boga. Ili, pretpostavimo da se sastajete sa onime koga volite i nastavljate da spavate ispred te osobe. Onda, kako možete da kažete da iskreno volite tu osobu?

Takođe, ako vi imate lični razgovor sa ljudima do vas tokom službe bogosluženja ili ako dremate, to je takođe nepristojno ponašanje. Ponašanje kao ovakvo ukazuje da nedostaje poštovanje i obožavanje i ljubav za Boga.

Takva ponašanja takođe pogađaju i sveštenike. Pretpostavimo da postoji vernik koji razgovara sa drugom osobom pored njega, ili ima prazne misli ili se čak uspava. Onda, propovednik će se možda pomisliti da poruka nije dovoljno graciozno prenešena. On će možda izgubiti inspiraciju Svetog Duha, i tako neće moći da propoveda sa ispunjenošću Svetim Duhom. Sva ova dela će na kraju uzrokovati nepovoljne okolnosti takođe i drugim poštovaocima.

To je isto i sa napuštanjem hrama u sred službe. Naravno, postoje neki volonteri koji moraju da izađu zbog svojih dužnosti da bi pomogli u službi bogosluženja. Međutim, osim u zaista posebnim slučajevima, prikladno je pomeriti se odmah nakon što je služba u potpunosti završena. Neki ljudi misle: „Mi samo možemo da slušamo poruku,“ i da napuste pre nego što se služba završi, ali ovo je nepristojno ponašanje.

Služba bogosluženja je potpuno ista žrtvi paljenici iz Starog Zaveta. Kada su oni davali žrtve paljenice, oni su morali da preseku životinju na delove i onda su palili sve delove (Levitski Zakonik 1:9).

Ovo, u današnjem smislu znači da mi treba da dajemo prikladno celu službu bogosluženja od samog početka pa do kraja u skladu sa određenim postavkama formalnosti i procedure. Mi treba da pratimo svaki tok reda u službi bogosluženja svim našim srcem, da počnemo sa tihom molitvom sve dok ne završimo sa blagoslovom ili Molitvom Gospodnjom. Kada pevamo hvalospeve ili se molimo, ili čak za vreme darovanja i objava, mi treba da damo celo naše srce. Osim zvaničnih crkvenih usluga u svakom molitvenom sastanku, slavljenju ili službi bogosluženja, ili u grupnoj službi bogosluženja, mi treba da se ponudimo celim svojim srcem.

Da bi služiti Bogu svim svojim srcem, najpre, mi ne smemo da kasnimo na službe. Nije prikladno da kasnimo na sastanke sa drugim ljudima i koliko će biti nepristojno ako kasnimo na sastanak pred Bogom? Bog uvek čeka na mestu službovanja da bi dobio naše služenje.

Prema tome, mi ne treba da dođemo baš pre nego što služba počne. Prikladno je da dođemo ranije u pokajanju i da pripremimo sebe za službu. Šta više, koristiti mobilne telefone za vreme službe bogosluženja, ostaviti da mala deca trče okolo za vreme službe bogosluženja je ponašati se nepristojno. Žvakanje žvake ili jesti hranu za vreme službe bogosluženja spada u kategoriju nepristojnog ponašanja.

Lični izgled koji imate za službu je takođe važan. Svakako, nije prikladno da dođete u crkvu u kućnoj odeći ili da imate odeću namenjenu za posao. To je zato što je doterivanje način da izrazimo našu naklonost i poštovanje prema drugoj osobi. Deca Božja koja iskreno vole Boga znaju koliko je Bog dragocen. Tako da, kada oni dođu da Njemu služe, oni dolaze u najčistijoj odeći koju imaju.

Naravno, postoje i izuzetci. Za službu sredom ili za celo noćnu službu petkom, mnogi ljudi dolaze direktno od svojih radnih mesta. Kako oni žure da stignu na vreme, oni možda dolaze u radnim odelima. U ovoj vrsti slučaja, Bog neće reći da se oni ponašaju nepristojno već će se On radovati umesto toga zato što On dobija aromu srca od njih jer su pokušali da dođu na vreme za službu bogosluženja dok su bili zauzeti svojim poslom.

Bog želi da ima voljeni odnos sa nama kroz službe bogosluženja i molitve. Ovo su dužnosti koje Božja deca moraju da urade. Naročito, molitva je razgovor sa Bogom. Ponekad, dok se drugi mole, neko će ga možda potapšati da prestane da se moli jer postoji nešto hitnije.

Ovo je isto kao i prekidanje drugih ljudi dok razgovaraju sa njihovim pretpostavljenima. Takođe, kada se vi molite, ako vi otvorite oči i prestanete da se molite odmah samo zato što vas je neko pozvao, to je takođe raditi nepristojno. U ovom slučaju, vi najpre treba da završite vašu molitvu a zatim da odgovorite.

Ako se mi predamo službi i molitvi u duhu i istini, Bog nam uzvraća blagoslovima i nagradama. On odgovara mnogo brže našim molitvama. To je zato što On dobija aromu našeg srca sa oduševljenjem. Ali ako mi skupljamo nepristojna dela godinu dana, dve godine i tako dalje to će izgraditi zid greha protiv Boga. Čak i između muža i žene ili roditelja i dece, ako se nastavi odnos bez ljubavi, postojaće mnogi problemi. To je isto i sa Bogom. Ako smo mi izgradili zid između nas i Boga, mi ne možemo da budemo zaštićeni od bolesti ili nesreća, i mi ćemo se suočavati možda sa različitim problemima. Mi možda nećemo dobiti odgovore na naše molitve, čak iako se molimo duže vreme. Ali ako imamo prikladan stav u službama i molitvama, mi možemo da rešimo mnoge vrste problema.

Crkva je Sveta kuća Božja

Crkva je mesto gde Bog boravi. Psalmi 11:4 govore: „GOSPOD je u svetom dvoru svom, presto je GOSPODNJI na nebesima."

U Starom Zavetu, nije svako mogao da uđe na sveto mesto. Samo su sveštenici mogli da ulaze. Samo jednom godišnje je samo najviši sveštenik mogao da uđe u Svetište nad svetilištima unutar Svetog mesta. Ali danas, sa milost Gospodnju, svako može da uđe u hram i da Njemu služi. To je zato što je Isus nas iskupio zbog naših grehova sa Njegovom krvi, kao što je rečeno u Poslanici Jevrejima 10:19: „Imajući, dakle, slobodu, braćo, ulaziti u svetinju krvlju Isusa Hrista, putem novim i živim."

Hram ne označava samo mesto gde mi služimo. To je svaki prostor u okviru granica koji obuhvata crkvu, uključujući i dvorište i sve ostale objekte. Prema tome, bilo da smo u crkvi, mi treba da budemo obazrivi o svakoj maloj rčči ili delu. Mi ne smemo da se naljutimo ili raspravljamo, ili da govorimo o svetskim zabavama ili poslovima u hramu. Isto je i sa nemarnim rukovanjem sa svetim Božjim stvarima u crkvi ili da ih oštetimo polomimo ili bacimo.

Naročito kupovina ili prodaja bilo čega u crkvi nije prihvatljiva. Danas, sa razvojem Internet prodaje, neki ljudi iz crkve plaćaju za ono što kupuju na Internetu i dobijaju predmete u crkvi. Ovo je zasigurno poslovna transakcija. Mi treba da se setimo da je Isus prevrnuo stolove prepune para za razmenjivanje i odbacio one koji su prodavali životinje kao žrtve paljenice. Isus nije prihvatao čak ni životinje koje su bile namenjene kao žrtve paljenice jer su prodavane u Hramu. Prema tome, mi ne smemo da kupujemo ili prodajemo ništa u crkvi iz ličnih potreba. To je isto kao kada bi imali tezgu u crkvenom dvorištu.

Sva mesta u crkvi treba da budu izdvojena da bi mogli da služimo Bogu i da se družimo sa braćom i sestrama u Gospodu. Kada se mi molimo i često imamo susrete u crkvi, mi treba da budemo obazrivi da ne postanemo neosetljivi u svetosti crkve. Ako mi volimo crkvu, mi nećemo da se ponašamo u crkvi neumesno, kao što je zapisano u Psalmima 84:10: „Jer je bolje jedan dan u dvorima Tvojim od hiljade. Volim biti na pragu doma Božijeg nego živeti u šatorima bezbožničkim."

Delovati neumesno prema ljudima

Biblija govori on koji ne voli svog brata ne može voleti ni Boga. Ako se ponašamo nepristojno prema drugim ljudima koji su vidljivi, kako mi može da imamo najviše poštovanje prema Bogu koji nije vidljiv?

„Ako ko reče: 'Ja volim Boga', a mrzi svog brata, lažov je; jer koji ne voli brata svog, koga vidi, ne može voleti Boga koga nije video" (1. Jovanova Poslanica 4:20).

Dozvolite nam da razmotrimo najčešća nepristojna dela u našim svakodnevnim životima, koja lako mogu da budu primetna. Obično, ako tražimo sopstvenu korist bez razmišljanja o pozicijama drugih, tu će postojati mnoga dela nepristojnog ponašanja. Na primer, kada mi razgovaramo telefonom, mi takođe moramo da zadržimo naš bonton. Ako zovemo kasno uveče ili po noći i razgovaramo na telefonu dugo vremena sa osobom koja je veoma zauzeta, to će njemu naneti štetu. Kasniti

Ljubav: Ispunjenje Zakona

na sastanke ili neočekivano posetiti nečiju kuću ili doći nepozvan su takođe nevaspitana dela.

Jedan će možda misliti: „Mi smo toliko bliski i nije li malo preterano formalno misliti o svim stvarima koje se događaju između nas?" Vi ćete možda imati veoma dobar odnos da bi razumeli sve stvari o drugoj osobi. Ali to je ipak teško da razumete srce drugih 100%. Mi ćemo možda misliti da izražavamo naš odnos sa drugom osobom, ali on to drugačije može da shvati. Prema tome, mi treba da pokušamo da mislimo iz pogleda drugoga. Mi naročito treba da budemo pažljivi da se ne ponašamo nepristojno prema drugoj osobi ako nam je ona bliska i prijatno joj je sa nama.

Mnogo puta mi ćemo izgovoriti neumesne reči ili ćemo neumesno povrediti osećanja ili ćemo uvrediti druge koji su nam najbliži. Mi se ponašamo nepristojno prema članovima porodice ili prijateljima koji su nam bliski, i na kraju odnos postaje stran i može da postane veoma loš. Takođe, neki stariji ljudi se ophode prema mlađim ljudima ili onima koji su na nižim pozicijama nepristojno. Oni govore bez poštovanja, ili imaju zapovednički stav da bi načinili druge da se osećaju nelagodno.

Ali danas, veoma je teško pronaći ljude koji potpuno predano služe njihovim roditeljima, učiteljima starijim ljudima, kojima mi svakako treba da služimo. Neki možda govore da se situacija promenila ali postoji nešto što se nikada ne menja. Levitski Zakonik 19:32 govori: „Pred sedom glavom ustani, i poštuj lice starčevo, i boj se Boga svog; Ja sam GOSPOD."

Volja Boga za nas je da uradimo našu potpunu dužnost između ljudi. Božja deca treba takođe da održavaju zakon i red na ovoj zemlji a ne da se ponašaju nepristojno. Na primer, ako mi uzrokujemo pobunu na javnom mestu, pljunemo na ulici ili kršimo saobraćajni zakon, to je ponašati se nepristojno prema mnogim ljudima. Mi smo Hrišćani koji bi trebali da budu svetlost i so ove zemlje i prema tome mi uvek treba da budemo obazrivi sa našim rečima, delima i ponašanjem.

Zakon ljubavi je glavno pravilo

Većina ljudi provodi najviše vremena sa drugim ljudima, sastaju se razgovaraju sa njima, jedu sa njima i rade sa njima. Do te mere, postoje mnoge vrste kulturnog bontona u našim svakodnevnim životima. Ali svako ima različiti stepen obrazovanja i kulture se razlikuju u različitim zemljama i između različitih rasa. Onda, kakvo bi trebalo da bude pravilo u našim manirima?

To je zakon ljubavi koji je u našim srcima. Zakon ljubavi se odnosi na zakon Božji koji je sama ljubav. Naime, do mere da smo utisnuli Reč Božju u našim srcima i da je praktikujemo, mi ćemo imati stavove Gospoda i nećemo se ponašati nepristojno. Drugo značenje u zakonu ljubavi je „uvažavanje."

Čovek je išao svojim putem kroz tamnu noć i sa lampom u ruci. Drugi čovek je išao svojim putem ali u suprotnom pravcu kada je video ovog čoveka sa lampom, i zapazio je da je on slep. Tako da ga je pitao zašto nosi lampu iako nije mogao da vidi. Onda je on rekao: „To je da se ti ne bi udario o mene. Ova lampa je za tebe." Mi možemo da osetimo nešto u vezi ovog uvažavanja iz ove priče.

Ljubav: Ispunjenje Zakona

Uvažavanje drugih, iako se čini beznačajnim, ima veliku moć da dotakne srca drugih. Nepristojna dela dolaze od nesmotrenosti prema drugima, što znači da tu postoji nedostatak ljubavi. Ako mi zaista volimo druge, mi ćemo uvek uvažavati njih i nećemo biti nepristojni.

U poljoprivredi, ako se previše odvajaju zakržljale voćke od svih voćki, plodovi koji rastu će uzeti sve dostupne hranljive sastojke i zbog toga će imati preterano debelu koru i njihov ukus neće biti dobar. Ako ne uvažavamo druge, na momenat mi ćemo uživati u svim stvarima koje su slobodne, ali mi ćemo postati samo neukusni i ljudi sa debelom kožom kao voće koje je naknadno hranjeno.

Zbog toga kao što Poslanica Kološanima 3:23 govori: „I sve šta god činite, od srca činite kao Gospodu, a ne kao ljudima" mi treba da služimo svima sa najvećim poštovanjem na način na koji služimo Gospodu.

7. Ljubav ne traži svoje

U ovom modernom svetu nije teško naći sebičnost. Ljudi traže sopstvenu korist a ne dobrotu javnosti. U nekim zemljama stavljaju opasne materije u mleko u prahu namenjeno bebama. Neki ljudi uzrokuju veliku štetu sopstvenim zemljama tako što kradu tehnologiju koja je veoma važna za njihovu zemlju.

Zbog problema „ne u mom dvorištu" veoma je teško za vladu da izgradi javne objekte kao što su deponije ili krematorijumi. Ljudi ne mare za dobrobit drugih ljudi već samo na tome da je njima dobro. Iako ne tako ekstremni kao ovi slučajevi, mi takođe možemo da nađemo mnogo sebičnih dela u našim svakodnevnim životima.

Na primer, neke kolege ili prijatelji izlaze zajedno na obrok. Oni trebaju da odaberu šta će jesti i jedan od njih insistira na onome što on želi da jede. Druga osoba dozvoljava ono šta ta osoba želi, ali njemu nije prijatno iznutra. Ipak druga osoba uvek traži mišljenje trećeg lica. Onda bilo da on voli ili ne ovu vrstu hrane koju je drugi odabrao, on će to uvek jesti sa radosti. U koju kategoriju vi spadate?

Grupa ljudi se priprema da održi sastanak povodom nekog događaja. Njima su na raspolaganju različite vrste mišljenja. Jedna osoba pokušava da nagovori druge dok se drugi slažu sa njim. Druga osoba ne insistira na mišljenju toliko mnogo, već kada mu se ne sviđa mišljenje druge osobe on pokazuje negodovanje, ali ipak prihvata to.

Opet druga osoba sluša druge bilo da imaju svoje mišljenje ili ne. I, čak iako se njihova ideja razlikuje od njegove, on pokušava da je prati. Takva razlika potiče od velike ljubavi koju svako ima u njegovom srcu.

Ako postoji sukob mišljenja koji dovodi do rasprava i svađa, to je zato što ljudi traže sopstvenu korist i samo insistiraju na svom mišljenju. Ako venčani par insistira samo na svom mišljenju, oni će konstantno imati padove i oni neće uspeti da razumeju jedno drugo. Oni mogu da imaju mir ako nastoje da razumeju jedan drugog, ali mir je često narušen zato što svako od njih insistira na sopstvenom mišljenju.

Ako mi volimo nekoga, mi ćemo brinuti za tu osobu više nego za sebe same. Hajde da razmotrimo roditeljsku ljubav. Većina roditelja misli najpre na svoju rođenu decu pa onda na sebe. Tako da, majke će voleti da čuju: „Tvoja kćer je tako lepa," više nego „Ti si tako lepa."

Radije nego da jedu sami ukusniju hranu, oni će se osećati srećnije kada njihova deca jedu dobro. Radije nego sami da nose dobru odeću, oni će biti srećniji da obuku njihovu decu u dobru odeću. Takođe, oni žele da njihova deca budu mnogo inteligentnija nego oni sami. Oni žele da njihova deca budu prepoznata i voljena od drugih. Ako mi dajemo ovakvu vrstu ljubavi prema našim komšijama i prema svim drugim, koliko zadovoljan će Bog Otac biti sa Nama?

Avram je tražio način da ljubavlju pomogne drugima

Staviti tuđe interese ispred naših sopstvenih je imati požrtvovanu ljubav. Avram je dobar primer osobe koji je tražio

Karakteristike ljubavi

korist drugih više nego svoju sopstvenu.

Kada je Avram napuštao rodno mesto, njegov bratanac Lot ga je pratio. Lot je takođe dobio velike blagoslove zahvaljujući Avramu i on je imao toliko mnogo životinja da nije bilo dovoljno vode da se napoji i Lotovo i Avramovo stado i čopor. Ponekad su vođe čopora obeju strana čak imale i rasprave.

Avram nije želeo da se naruši mir, i dao je Lotu pravo da bira prvi koju stranu zemlje želi a drugu da ostavi drugome. Veoma važna stvar u brizi za stado jeste trava i voda. Mesto na kojem su oni ostali nije imalo dovoljno trave i vode za celi čopor, i dobiti bolje zemljište u je bilo u smislu i odreći se potrepština za opstanak.

Avram je mogao da ima tako veliko uvažavanje prema Lotu zato što ga je Avram veoma mnogo voleo. Ali Lot nije u stvari veoma dobro razumeo ovu ljubav Avrama; on je samo odabrao bolje zemljište, dolinu Jordana i otišao je. Da li se Avram osećao nelagodno videvši da je Lot odmah odabrao bes ustezanja ono što je bilo dobro za njega? Ni malo! On je bio srećan što je njegov bratanac uzeo bolju zemlju.

Bog je video ovo dobro srce Avrama i blagoslovio ga je sa još više gde god bi pošao. On je postao tako bogat čovek da je bio poštovan čak i od strane kraljeva u toj oblasti. Kao što je ovde ilustrovano, mi ćemo zasigurno dobiti blagoslove od Boga ako prvo tražimo korist za druge ljude a ne našu sopstvenu.

Ako mi damo nešto naše našim voljenima, radost će biti veća nego išta drugo. To je vrsta radosti da samo oni koji su dali nešto vredno svojim voljenima mogu da razumeju. Isus je uživao takvoj radosti. Najveća radost može da se poseduje kada kultivišemo savršenu ljubav. Veoma je teško da damo onima koje smo mrzeli, ali nije teško nimalo da damo onima koje volimo. Mi ćemo biti srećni kada dajemo.

Uživati u velikoj radosti

Savršena ljubav nam dozvoljava da uživamo u najvećoj radosti. I da bi imali savršenu ljubav poput Isusa, mi treba da mislimo više na druge nego na sebe. Više nego mi sami, naše komšije, Bog i Gospod, crkva treba da bude naš prioritet i ako to učinimo, Bog će brinuti o nama. On će nam dati nešto bolje kada tražimo korist drugih ljudi. Na Nebu će biti skupljene naše nebeske nagrade. Zbog toga Bog govori u Delima Apostolskim 20:35: „Mnogo je blaženije davati negoli uzimati.“

Ovde, jedna stvar treba da nam bude jasna. Mi ne smemo da uzrokujemo zdravstvene probleme nama dok radimo odano za Božje kraljevstvo van granica naše fizičke snage. Bog će prihvatiti naše srce ako pokušamo da budemo predani van naših ograničenja. Ali našem fizičkom telu je potreban odmor. Mi takođe treba da brinemo o napredovanju naše duše molitvama, postom i učenjem Reči Božje a ne samo da radimo za crkvu.

Neki ljudi uzrokuju smetnju ili štetu i dolaze članovima porodice ili drugim ljudima jer provode suviše vremena na religiju ili na crkvene aktivnosti. Na primer, neki ljudi ne mogu da izvedu svoje dužnosti na prikladan način zato što poste. Poneki studenti će možda odbiti svoje studije da bi učestvovali u aktivnostima nedeljne škole.

U slučajevima iznad, oni možda misle da nisu tražili sopstvenu korist zato što i dalje rade naporno. Ali to zaista nije istina. Uprkos činjenici da su radili za Gospoda, oni nisu bili odani u celom Božjem domaćinstvu i prema tome to znači da nisu ispunili potpunu dužnost Božjeg deteta. Nakon svega, oni samo vide sopstvenu korist.

Sada, šta mi treba da uradimo da bi izbegli potražnju sopstvene koristi u svim stvarima? Mi treba da se oslonimo na Svetog Duha. Sveti Duh, koji je srce Božje nas vodi ka istini. Mi možemo da živimo samo za slavu Boga ako radimo sve pod vođstvom Svetog Duha baš kao što je Apostol Pavle rekao: „Ako dakle jedete, ako li pijete, ako li šta drugo činite, sve na slavu Božiju činite" (1. Korinćanima Poslanica 10:31).

Da bi mogli da učinimo kao što je iznad napisano, mi moramo da odbacimo zlo iz našeg srca. Šta više, ako kultivišemo iskrenu ljubav u našim srcima, mudrost dobrote će doći nad nama kako bi mogli da razlikujemo volju Božju u svakoj situaciji. Kao gore navedeno, ako naša duša napreduje, sve stvari će ići dobro po nas i mi ćemo biti zdravi tako da mi možemo da budemo odani Bogu do najveće mere. Mi ćemo takođe voleti naše komšije i članove porodice.

Kada su tek postali mladenci došli kod mene da prime molitvu, ja sam se uvek molio za njih da traže korist najpre jedan u drugome. Da su tražili samo sopstvenu, oni ne bi bili sposobni da imaju savršenu porodicu.

Mi možemo da tražimo korist u onima koje volimo ili onima koji mogu da budu nama od pomoći. Ali šta je sa onima koji nam otežavaju vreme u svakom pogledu i uvek prate svoju korist? I šta je sa onima koji nam nanose štetu ili nam uzrokuju da od nevolje patimo, ili onima koji ne mogu nama biti od koristi? Kako da se ponašamo prema takvim koji rade u neistini i govore zle reči sve vreme?

U tim slučajevima, ako ih samo izbegnemo ili ako nismo voljni da se žrtvujemo za njih, to znači da i dalje tražimo sopstvenu korist. Mi bi trebali da da možemo da žrtvujemo sebe i da dajemo put čak i onim ljudima koji imaju drugačije ideje od naših. Samo onda možemo biti smatrani kao pojedinci koji su odavali duhovnu ljubav.

Ljubav čini ljudsko srce pozitivnim. Sa druge strane, ljutnja čini ljudsko srce negativnim. Ljutnja povređuje srce i čini ga tamnim. Tako da, ako se vi naljutite, vi ne možete da boravite u ljubavi Božjoj. Ogromna klopka koju postavljaju neprijatelj đavo i Sotona ispred Božje dece su mržnja i ljutnja.

Biti isprovociran nije samo naljutiti se, vikati, kleti i postati nasilan. Ako vaše lice postaje zgrčeno, ako se vaša boja lica promeni i ako vaš način na koji govorite postaje oštar, to su sve delovi delovanja u provokaciji. Iako je jačina različita u svakom slučaju, to je i dalje spoljašnji izgled mržnje i bolesnih osećanja u srcu. Ali onda, samo kada vidimo nečiju pojavu, mi ne bi trebali da osuđujemo ili optužujemo druge misleći da je on ljut. Nije lako za nikoga da precizno razume srca drugih osoba.

Isus je jednom isterao one koji su prodavali stvari u Hramu. Trgovci su postavljali stolove i menjali novac ili prodavali stoku ljudima koji su došli u Hram Jerusalima da bi se pridružili Pashi. Isus je tako nežan; On se ne svađa niti galami, i niko neće čuti Njegov glas na ulici. Ali kada je video ovu scenu, Njegov stav je bio mnogo drugačiji od običnog.

On je napravio bič od konopca i isterao ovce, krave i druge žrtve paljenice. On je prevrnuo stolove manjača novca i prodavaca golubova. Kada su ljudi u Njegovoj okolini videli ovakvog Isusa, oni su možda pomislili da je On bio ljut. Ali u to vreme, to nije bilo da je On ljut zbog nekih bolesnih osećanja kao što je mržnja. On je samo imao pravedan gnev. Sa Njegovim pravednim

Ljubav: Ispunjenje Zakona

gnevom, On nam je dozvolio da razumemo da se nepravedno skrnavljenje Božjeg hrama ne može tolerisati. Ova vrsta pravednog gneva je ishod ljubavi za Boga koji usavršava ljubav sa Njegovom pravdom.

Razlika između pravedne ogorčenosti i gneva

U Jevanđelju po Marku poglavlje 3, na Sabat Isus je iscelio čoveka u sinagogi koji je imao paralizovanu ruku. Ljudi su posmatrali Isusa da bi videli da li može da isceli osobu na Sabat kako bi mogli da ga optuže što narušava dan Sabata. U ovom vremenu, Isus je znao srca ljudi i pitao je: „Valja li u subotu dobro činiti ili zlo činiti? Dušu održati, ili pogubiti?" (Jevanđelje po Marku 3:4)

Njihova namera je bila otkrivena i oni više nisu imali reči da govore. Isusova ljutnja je bila iznad njihovih mrzovoljnih srca.

I pogledavši na njih s gnevom od žalosti što su im onako srca odrvenila, reče čoveku: „Pruži ruku svoju." I pruži; i posta ruka zdrava kao i druga (Jevanđelje po Marku 3:5).

U to vreme, zli ljudi su samo pokušavali da optuže i da ubiju Isusa koji je činio samo dobra dela. Tako da, ponekad, Isus je koristio jake izraze za njih. To je bilo da bi im dozvolio da razumeju i da se okrenu od puta ka uništenju. Slično tome, pravedan gnev Isusa je poticao iz Njegove ljubavi. Ovaj gnev je ponekad budio ljude i poveo ih ka životu. Na ovaj način biti isprovociran i imati pravedan gnev su potpuno razlikuje. Samo onda kada neko postane posvećen i nema ni malo greha, njegove zamerke i prekori daju život dušama. Ali bez posvećenosti srca, jedan ne može da ubere ovu vrstu voća.

Postoje nekoliko razloga zašto ljudi postaju ljuti. Prvi je, kada se ljudske ideje i ono što oni žele razlikuju jedni od drugih. Svako ima različitu porodičnu pozadinu i obrazovanje, tako da njihova srca i misli i stavovi osuđivanja se svi razlikuju jedni od drugih. Ali oni pokušavaju drugima da nametnu sopstvene ideje i u ovom procesu oni počinju da dobijaju loša osećanja.

Pretpostavimo da muž voli slanu hranu dok supruga ne. Onda žena može da kaže: „Previše soli nije dobro za tvoje zdravlje, treba da koristiš mnogo manje soli." Ona daje ovaj savet zbog muževljevog zdravlja. Ali ako muž to ne želi, ona ne treba da insistira na tome. Oni treba da pronađu put kako bi jedan drugome popuštali. Oni mogu da stvore srećnu porodicu kada to pokušaju zajedno.

Drugo, osoba može da se naljuti kada ga neko drugi ne sluša. Ako je on mnogo stariji ili na većoj poziciji, on želi da se njemu drugi povinuju. Naravno, ispravno je da poštujete starije i da se povinujete onima koji vode pozicije u hijerarhiji, ali nije ispravno za one ljude da prisiljuju druge koji su u nižim pozicijama da im se takođe povinuju.

Postoje slučajevi kada osoba koja je po redu na većoj poziciji ne sluša potčinjene ni malo i samo želi da sledi isključivo svoje reči. U drugim slučajevima ljudi se ljute kada pate za gubitkom ili kada se nepravedno prema njima ophode. Šta više, jedan može da se naljuti kada ga ljudi odbacuju bez ikakvog razloga, ili kada stvari nisu urađene kao što je to tražio ili dao instrukcije; ili kada ga ljudi klevete ili ga vređaju.

Pre nego što se naljute, ljudi su već najpre imali prirodno bolesna osećanja. Reči ili dela drugih podstiču takva njihova osećanja. Na kraju nemirna osećanja potiču iz ljutnje. Obično, imati ovakva prirodno bolesna osećanja je prvi korak do ljutnje. Mi ne možemo da boravimo u ljubavi Božjoj i naš duhovni rast je ozbiljno narušen ako se ljutimo.

Mi ne možemo da promenimo sebe sa istinom sve dok imamo bolesna osećanja, i mi moramo da odstranimo od nas provokaciju i da odbacimo samu ljutnju. 1. Poslanica Korinćanima 3:16 govori: „Ne znate li da ste vi crkva Božija, i Duh Božji živi u vama?"

Dozvolite nam da razumemo da Sveti Duh uzima naše srce kao hram i da nas Bog uvek posmatra, tako da nećemo biti isprovocirani zbog nekih stvari koje nisu u skladu sa našim idejama.

Ljutnja čoveka ne postiže pravednost Božju

U Jelisejevom slučaju, on je dobio duplu porciju od njegovog učitelja, Ilijev duh i izvodio veća dela sa Božjom moći. On je jalovoj ženi dao blagoslov začeća; oživeo je mrtvu osobu; iscelio bolesne od lepre i pobedio neprijateljsku vojsku. On je promenio ne pijaću vodu u vodu za piće time što je stavio so u nju. Uprkos tome, on je umro od bolesti, što je bilo retkost za velikog proroka Božjeg.

Šta je mogao da bude razlog? To je bilo dok je išao u Vetilj. Grupa mladih momaka je izašla van grada i ismevala ga, jer on nije imao mnogo kose i njegov izgled nije bio omiljen. „Hodi, ćelo!

Karakteristike ljubavi

Hodi, ćelo!" (2. Knjiga Kraljevima 2:23).

Ne samo parovi, već veoma mnogo slugi pratilo i ismevalo Jeliseja i on je bio osramoćen. On je njih savetovao i grdio ih, ali oni nisu želeli da slušaju. Oni su bili toliko tvrdoglavi i otežavali su vreme proroku, da je to bilo nepodnošljivo za Jeliseja.

Vetilj je bio kao pravi dom za idolopoklonstvo u severnom Izraelu nakon podele nacije. Sluge mora da su imale omrznuta srca dok su boravili u okruženju gde se služilo idolima. Oni su možda blokirali put, pljuvali na Jeliseja ili čak bacali kamenje na njega. Jelisej ih je na kraju prokleo. Dve ženke medveda izašle su iz šume i ubile su četrdeset i četvoro njihovog broja.

Naravno, oni su to sebi naneli jer su bez granica ismevali čoveka Božjeg ali to dokazuje da je Jelisej imao bolesna osećanja. Nije relevantno činjenici da je umro od bolesti. Mi možemo da vidimo da nije dobro za decu Božju da budu isprovocirana. „Jer srdnja čovečija ne čini pravde Božije" (Jakovljeva Poslanica 1:20).

Ne biti isprovociran

Šta mi treba da uradimo da se ne bi ljutili? Da li to treba da potisnemo sa samokontrolom? Kako guramo oprugu teško, ona dobija veliku povratnu silu i u momentu odskače kada pomerimo ruku. To je isto i kada se ljutimo. Ako je samo potisnemo, mi ćemo možda izbeći konflikt u tom momentu, ali pre ili kasnije će ona eksplodirati. Prema tome, da ne bi bili isprovocirani, mi treba da se otarasimo samog osećaja ljutnje. Mi ne treba samo da je potisnemo već da promenimo našu ljutnju u dobrotu i da volimo kako ne bi morali ništa da potiskujemo.

Naravno, mi ne možemo da odbacimo sve bolesne osećaje

preko noći i da njih zamenimo sa dobrotom i ljubavi. Mi treba da učestalo pokušavamo iz dana u dan. Prvo, u provokativnoj situaciji, mi treba da prepustimo situaciju Bogu i da budemo strpljivi. Kao što je u studijama Tomasa Džefersona (Thomas Jefferson), trećeg predsednika Sjedinjenih Država zapisano: „Kada si ljut, broji do deset pre nego što progovoriš; ako si mnogo ljut, do sto." Korejanska izreka kaže: „biti tri puta strpljiv će zaustaviti ubistvo."

Kada smo ljuti, mi treba da se povučemo i da razmislimo koju korist će nam to doneti ako smo ljuti. Onda, mi nećemo uraditi ništa zbog čega ćemo žaliti i ništa što će nas osramotiti. Kako mi pokušavamo da budemo strpljivi i uz pomoć Svetog Duha, mi ćemo uskoro odbaciti zla osećanja i samu ljutnju. Ako smo se ranije ljutili deset puta, broj će se smanjiti do devet a onda na osam i tako dalje. Kasnije, mi ćemo imati samo mir u provokativnoj situaciji. Koliko ćemo biti srećni tada!

Poslovice 12:16 govore: „Gnev bezumnikov odmah se pozna, ali pametni pokriva sramotu" i Poslovice 19:11 govore: „Razum zadržava čoveka od gneva, i čast mu je mimoići krivicu."

Ljutnja je samo „O" daleko od „Opasnosti." Mi ćemo moći da shvatimo koliko je opasno postati ljut. Konačni pobednik će biti onaj koji istraje. Neki ljudi uvežbavaju samokontrolu kada su u crkvi ili čak i u situacijama koje mogu da ih naljute, ali oni se lako razljute kod kuće, u školi ili na radnom mestu. Bog ne postoji samo u crkvi.

On zna naše sedenje i stajanje, svaku reč koju izgovorimo i svaku misao koju imamo. On nas posmatra svuda i Sveti Duh boravi u našim srcima. Prema tome, mi moramo da živimo život kao da stojimo pred Bogom sve vreme.

Određeni bračni par je imao raspravu, i ljutit suprug je vikao na ženu da zatvori njena usta. Ona je bila toliko šokirana da nije otvorila usta ponovo da progovori sve dok nije umrla. Muž koji je izbacio svoju lošu narav u izlivu besa je takođe i kao i žena patio veoma mnogo. Biti isprovociran može da uzrokuje ljudima da pate i mi treba da se borimo da bi odbacili sve vrste bolesnih osećanja.

9. Ljubav ne misli o zlu

U vođenju mog službovanja nailazio sam na širok spektar ljudi. Neki ljudi su osećali emocije Božje ljubavi samo misleći o Njemu i počinjali su da liju suze dok su drugi imali nevolje u njihovim srcima zato što nisu duboko osećali Božju ljubav u njihovim srcima iako su verovali i voleli Njega.

Mera do koje osećamo ljubav Božju zavisi od mere do koje smo odbacili grehove i zlo. Do mere da ćemo živeti po Reči Božjoj i odbaciti zlo iz naših srca, mi možemo da osetimo ljubav Božju duboko u srcu bez da imamo zastoj u rastu naše vere. Mi možemo ponekad da se sukobimo sa poteškoćama u maršu prema veri, ali u tim momentima mi treba da se setimo da je ljubav Božja ta koja nas čeka sve vreme. Sve dok se prisećamo Njegove ljubavi, mi nećemo misliti o zlu.

Misliti o zlu

U njegovoj knjizi Lečenje životnih skrivenih bolesti zavisnosti, Dr. Arčibald D. Hart (Dr. Archibald D. Hart), predhodni dekan Filozofske škole na Fuler Bogosloviji (Fuller Theological Seminary), rekao je da jedan od četvorice mladih u Americi je u ozbiljnoj depresiji, a ta depresija, droga, seks, Internet, ispijanje alkohola i pušenje cigareta vladaju životima mladih ljudi.

Kada zavisnici prestanu da koriste supstance koje su im menjale razmišljanja, osećanja i ponašanje oni mogu biti ostavljeni sa malo, ili čak nimalo veština za adaptibilnost. Kao izlaz zavisnik može da se okrene drugim ponašanjima zavisnosti koja mogu da manipulišu njihovom moždanom hemijom. Ovi načini naviknutog ponašanja mogu da uključuju seks, ljubav i odnose. Oni ne mogu da dobiju iskreno zadovoljstvo ni u čemu, a čak i ne mogu da osete milost i radost koja dolazi iz odnosa sa Bogom, i prema tome oni su ozbiljno bolesni, po rečima Dr. Harta. Zavisnik je u nameri da dobije zadovoljstvo u drugim stvarima radije nego milost i radost datu od Boga, i to je rezultat ignorisanja Boga. Zavisnik će u osnovi misliti o zlu sve vreme.

Sada, šta je zlo? To se odnosi na zle stvari, koje nisu u skladu sa voljom Božjom. Misliti na zlo može biti svrstano u tri kategorije.

Prva je vaša misao da želite nešto da ide loše drugim ljudima.

Na primer, dozvolite nam da kažemo da ste imali raspravu sa nekim. Onda, vi njega mrzite toliko mnogo da mislite nešto kao: „Voleo bih da zakorači i da padne." Takođe, recimo da vi niste imali najbolji odnos sa komšijom, i nešto loše se njemu desilo. Onda, vi mislite: „Tako mu i treba!" ili „Znao sam da će se to dogoditi!" U slučaju studenata, neki student možda će želeti da njegov kolega iz odeljenja ne prođe dobro na ispitu.

Ako vi imate iskrenu ljubav u vama, vi nikada nećete misliti na ovakve zle stvari. Da li bi voleli da vaši najmiliji budu bolesni ili da učestvuju u nesreći? Vi ćete uvek želeti da vaša draga supruga ili suprug budu uvek zdravi i oslobođeni od svih nevolja. Zato što mi nemamo ljubav u srcima, mi želimo da se nešto loše dogodi drugima, i radujemo se tuđoj nesreći.

Takođe, mi želimo da znamo nepravednost i slabe tačke drugih ljudi i da ih širimo ako nemamo ljubavi. Pretpostavimo da ste pošli na sastanak i neko drugi tamo govori loše o nekoj osobi. Ako ste zainteresovani za takav razgovor, onda, vi bi trebali da proverite vaše srce. Ako je neko ogovarao vaše roditelje, da li ćete nastaviti da slušate to? Vi ćete im reći da odmah prekinu.

Naravno, postoje vremena i situacije gde vi treba da znate situaciju drugih zato što želite da im pomognete. Ali ako to nije slučaj i vi ste i dalje zainteresovani da čujete o lošim stvarima kod drugih, to je zato što imate želju da ogovoarate i da širite glasine o drugima. „Ko pokriva prestup, traži ljubav; a ko ponavlja stvar, rastavlja glavne prijatelje" (Poslovice 17:9).

Oni koji su dobri i imaju ljubav u njihovim srcima će pokušati da prekriju krivicu drugih. Takođe, ako mi imamo duhovnu ljubav, mi nećemo biti ljubomorni ili besni kada drugima ide dobro. Mi ćemo želeti njima da im samo ide dobro i da budu voljeni od drugih. Gospod Isus nam je rekao da volimo čak i naše neprijatelje. Poslanica Rimljanima 12:14 takođe govori: „Blagosiljajte one koji vas gone: blagosiljajte, a ne kunite."

Drugi aspekat zlih misli su misli osuđivanja i optuživanja drugih.

Na primer, pretpostavimo da ste videli drugog vernika kako ide na mesto gde vernici ne bi trebali da idu. Onda, koje vrste misli ćete vi imati? Vi ćete možda imati negativno mišljenje prema njemu do mere da imate zlo, misleći: „Kako je to mogao da uradi?" Ili, ako imate neku dobrotu, vi ćete se možda pitati: „Zašto bi on išao na takvo mesto?“ ali onda, vi menjate vaše misli i mislite da mora da postoji razlog zašto je to uradio.

Ali ako imate duhovnu ljubav u vašem srcu, vi nećete imati nikakve zle misli na prvom mestu. Čak iako čujete nešto što nije dobro, vi nećete širiti osude ili optuživati tu osobu ukoliko dobro ne proverite činjenice. U većini slučajeva, kada roditelji čuju neke loše stvari o svojoj deci, kako oni reaguju? Oni ne prihvataju to lako već radije insistiraju na tome da to njihova deca ne bi učinila. Oni će pomisliti da osoba koja je govorila takve stvari je loša. Na isti način, ako vi zaista volite nekoga, vi ćete pokušati da mislite o njemu na najbolji mogući način.

Ali danas, mi nailazimo da ljudi misle loše o drugima i govore loše o drugima tako olako. To se ne radi samo u ličnim odnosima, već oni kritikuju i one koji su u javnim pozicijama.

Oni ni ne pokušavaju da vide pravu sliku onoga što se zaista dogodilo, i ipak šire neosnovane glasine. Zbog agresivnih odgovora na Internetu, neki ljudi počine čak i samoubistvo. Oni samo osuđuju i optužuju druge svojim shvatanjima a ne sa Rečju Božjom. Ali koja je dobra volja Božja?

Jakovljeva Poslanica 4:12 nas upozorava: „Jedan je zakonodavac i sudija, koji može spasti i pogubiti; a ti ko si što drugog osuđuješ?“

Samo Bog može zaista da osuđuje. Naime, Bog nam govori da je zlo da osuđujemo našeg komšiju. Pretpostavimo da je neko jasno uradio nešto loše. U ovoj situaciji, za one koji imaju duhovnu ljubav nije važno bilo da li je ta osoba učinila u tome dobro ili loše. Oni će samo misliti o tome šta je zaista korisno za tu osobu. Oni samo žele da duša te osobe napreduje i da bude voljena od Boga.

Šta više, savršena ljubav je ne samo da bi se prikrivali prestupi, već takođe i pomoći drugoj osobi da uspe da se pokaje. Mi bi trebali da učimo istinu i da dodirnemo srce osobe kako bi on mogao da ide na pravi put i da se sam promeni. Ako mi imamo savršenu duhovnu ljubav, mi ne moramo da pokušavamo da gledamo tu osobu sa dobrotom. Mi prirodno volimo čak i osobu sa mnogo prestupa. Mi ćemo samo želeti da joj verujemo i da joj pomognemo. Ako nemamo ni jedne misli optuživanja i osuđivanja drugih, mi ćemo biti srećni sa ma kime se susreli.

Treći aspekat su sve misli koje nisu u skladu sa voljom Božjom.

Ne samo kada imamo zle misli o drugima nego kada imamo i zle misli koje nisu u skladu sa voljom Božjom, su zle misli. U svetu, ljudi koji žive po moralnim standardima i u skladu sa savesti za njih se kaže da žive u dobroti.

Ali niti moral niti savest ne mogu biti pravi standard dobrote. Obe imaju mnogo stvari koje su suprotne ili totalno protivne Božjoj Reči. Samo Reč Božja može biti pravi standard dobrote.

Oni koji prihvate Gospoda priznaju da su grešnici. Ljudi će možda biti ponosni na sebe zbog činjenice da su živeli dobar i moralni život, ali oni su ipak zli i ipak su grešnici u skladu sa Božjom Reči. To je zato što sve što nije u skladu sa Božjom Reči je zlo ili greh, i Reč Božja je jedini pravi standard dobrote (1. Jovanova Poslanica 3:4).

Onda, koja je razlika između greha i zla? U širem smislu, greh i zlo su oba neistina što je protivno istini što je Reč Božja. Oni su tama, što je suprotno Bogu koji je Svetlost.

Ali kako idemo do većih detalja oni se poprilično razlikuju jedan od drugoga. Da bi uporedili ovo dvoje sa drvetom „zlo" je kao koren koji je u zemlji i nije vidljiv, a „greh " je kao granje, lišće i voće.

Bez korena, drvo ne može da ima granje, lišće niti voće. Slično tome, greh je razumljiv zbog zla. Zlo je priroda koja je u nečijem srcu. To je priroda koja je protiv dobrote, ljubavi i istine Božje. Kada se ovo zlo manifestuje u posebnom obliku, onda se ono odnosi na greh.

Isus je rekao: „Dobar čovek iz dobre kleti srca svog iznosi dobro, a zao čovek iz zle kleti srca svog iznosi zlo, jer usta njegova govore od suviška srca" (Jevanđelje po Luki 6:45).

Pretpostavimo da neka osoba govori nešto što povređuje nekoga drugog koga mrzi. Ovo je kada se zlo u njegovom srcu manifestuje kao „mržnja" i „zle reči," su određeni grehovi. Greh je razumljiv u skladu sa standardom nazvanim Reč Božja, što je zapovest.

Bez zakona niko ne može da kazni nikoga zato što ne postojim standard u razlikovanju i osuđivanju. Slično tome, greh je otkriven pošto je protiv standarda Božje Reči. Greh može biti kategorisan u stvari mesa i dela mesa. Stvari mesa su grehovi počinjeni u srcu i mislima kao što su mržnja, ljutnja, ljubomora preljubničke misli dok su dela mesa grehovi počinjeni u delima kao što je ogovaranje, rasipanje preke naravi ili ubistvo.

Ljubav: Ispunjenje Zakona

To je nekako slično sa grehovima kriminalaca na ovoj zemlji koji su takođe svrstani u dva različita greha. Na primer, zavisiti od nekoga nad kime je zločin počinjen, može biti protiv nacije, ljudi ili pojedinaca.

Ali čak iako jedinka ima zlo u svom srcu, nije sigurno da će počiniti grehove. Ako on sluša Reč Božju i ima samokontrolu, on može da izbegne da počini grehove čak iako ima isto zlo u njegovom srcu. U ovoj fazi, on može samo da bude zadovoljan zato što je ispunio zadovoljstvo samo zato što nije počinio jasan greh.

Kako bi postali potpuno posvećeni, međutim, mi moramo da se otarasimo zla koje je usađeno u našoj prirodi, što je dubina našeg srca. U nečijoj prirodi je sadržano zlo nasleđe od njegovih roditelja. Ono nije obično otkriveno u običnim situacijama ali će se suočiti sa ekstremnim situacijama.

Korejanska izreka kaže: „Svako će preskočiti ogradu komšije ako gladuje tri dana.“ To je isto kao: „Nužnost ne priznaje zakon.“ Sve dok nismo potpuno posvećeni, zlo koje se skrivalo može biti otkriveno u ekstremnim situacijama.

Iako je ekstremno mali, izmet muve je ipak izmet. Mnogo više na isti način, čak iako nisu grehovi, sve stvari nisu savršene iz savršenog Božjeg pogleda već forme zla nakon svega. Zbog toga se u 1. Poslanici Solunjanima 5:22 govori: „...uklanjajte se od svakog zla.“

Bog je ljubav. U osnovi, Božje zapovesti mogu biti smatrane u „ljubav.“ Naime, zlo je i bezakonje ne voleti. Prema tome, da bi proverili da li se radujemo nepravdi, možemo da mislimo o tome koliko mnogo ljubavi imamo u sebi. Do mere da volimo Boga i druge duše, mi nećemo da mislimo o zlu.

I ovo je zapovest Njegova da verujemo u ime Sina Njegovog Isusa Hrista, i da ljubimo jedan drugog kao što nam je dao zapovest (1. Jovanova Poslanica 3:23).

Ljubav ne čini zla bližnjemu; dakle je ljubav izvršenje zakona (Poslanica Rimljanima 13:10).

Ne misliti o zlu

Da ne bi mislili o zlu, povrh svega, mi ne samo da vidimo ili da čujemo zle stvari. Čak i ako se dogodi da vidimo ili čujemo, mi ne treba da pokušavamo da se setimo toga ponovo. Mi ne smemo da pokušamo da se prisećamo. Naravno, ponekad mi nećemo moći da kontrolišemo naše sopstvene misli. Praktična misao može da naraste mnogo jače kako pokušavamo da ne mislimo o tome. Ali kako nastavimo da pokušavamo da nemamo zle misli sa molitvama, Sveti Duh će nam pomoći. Mi ne smemo nikako inicijativno da vidimo, čujemo ili mislimo zle stvari i šta više, mi treba da odbacimo čak i misli koje prostruje momentalno kroz naše misli.

Mi ne treba da učestvujemo takođe ni u nikakvim zlim delima. 2. Jovanova Poslanica 1:10-11 govori: „Ako ko dolazi k vama i ove nauke ne donosi, ne primajte ga u kuću, i ne pozdravljajte se s njim; jer ko se pozdravi s njim, prima deo u njegovim zlim delima.“ Bog je taj koji nas savetuje da izbegnemo zlo i da ga ne prihvatamo.

Čovek nasleđuje grešnu prirodu od svojih roditelja. Dok živimo na ovoj zemlji, ljudi dolaze u kontakt sa mnogim neistinama. Na osnovu ove grešne prirode i neistine, čovek „sam" razvija svoj osobeni karakter. Hrišćanski život je odbaciti ove grešne prirode i neistinu od momenta kada prihvatimo Gospoda. Da bi odbacili ovu grešnu prirodu i neistine, nama je potrebno mnogo strpljenja i napora. Pošto živimo na ovoj zemlji, nama je poznata neistina više nego istina. Obično je mnogo lakše prihvatiti neistinu od istine i usaditi je u nama nego je odbaciti. Na primer, lako je umazati belo odelo sa crnom tintom, ali je veoma teško skinuti fleku i učiniti odelo ponovo belim.

Takođe, čak iako izgleda kao veoma malo zlo, ono može da izraste u veće zlo u momentu. Baš kao što Poslanica Galaćanima 5:9 govori: „Malo kvasca ukiseli sve testo," mali greh može da se veoma brzo raširi među ljudima. Prema tome, mi moramo da budemo oprezni čak i sa malim delom zla. Biti sposoban a ne misliti o zlu, mi moramo da to mrzimo bez da imamo druge misli o tome, Bog nama zapoveda: „Koji ljubite GOSPODA, mrzite na zlo" (Psalmi 97:10), i uči nas da: „Strah je GOSPODNJI mržnja na zlo" (Poslovice 8:13).

Ako vi strasno volite nekoga, vi ćete želeti da se i vi dopadnete toj osobi i nećete voleti ono što ta osoba ne voli. Vi ne treba za ovo da imate razloga. Kada Božja deca, koja su primila Svetog Duha, počine greh Sveti Duh u njima jeca. Tako da, u njihovim srcima oni će imati osećaj povređenosti. Onda će oni razumeti da Bog mrzi ove stvari koje su učinili, i oni će pokušati da ne čine više grehove. Veoma je važno da pokušate da odbacite čak i male oblike zla i da ne prihvatate više zlo.

Snadbeti se Reči Božjom i molitvom

Zlo je tako beskorisna stvar. Poslovice 22:8 govore: „Ko seje bezakonje žeće muku.“ Bolesti mogu da se nama pojave ili našoj deci, ili možemo da se suočimo sa nesrećama. Mi ćemo živeti u žalosti zbog siromaštva i porodičnih problema. Svi ovi problemi, nakon svega, potiču od zla.

Ne varajte se: Bog se ne da ružiti; jer šta čovek poseje ono će i požnjeti (Poslanica Galaćanima 6:7).

Naravno, problemi se neće pojaviti odmah nama ispred očiju. U ovom slučaju, kada je zlo uzdignuto do neke mere, ono može čak i da uzrokuje probleme koji će povrediti našu decu kasnije. Pošto svetski ljudi ne razumeju ovu vrstu vladavine, oni čine mnogo zlobnih stvari na mnogo zlobne načine.

Na primer, oni smatraju da je normalno da se svete onima koji su njih ugrozili. Ali Poslovice 20:22 govore: „Ne govori: ’Vratiću zlo;’ Čekaj GOSPODA, i sačuvaće te.“

Bog kontroliše život, smrt bogatstvo i nesreće ljudskog roda u skladu sa Njegovom pravdom. Prema tome, ako činimo dobro u skladu sa Reči Božjom, mi ćemo definitivno ubirati voće dobrote. To je baš obećano u Izlasku 20:6 koji govori: „A činim milost na hiljadama onih koji Me ljube i čuvaju zapovesti Moje.“

Da bi bili udaljeni od zla, mi moramo da mrzimo zlo. I na vrh toga, mi treba da imamo dve stvari u ogromnim količinama sve vreme. To su Reč Božja i molitva. Kada meditiramo nad Reči Božjom danju i noću, mi možemo da isteramo zle misli i da imamo duhovne i dobre misli. Mi možemo da razumemo koja vrsta dela je delo iskrene ljubavi.

Takođe, kako se molimo, mi meditiramo nad Reči Božjom čak još i dublje, tako da mi možemo da razumemo zlo u našim rečima i delima. Kada se revnosno molimo uz pomoć Svetog Duha, mi možemo da vladamo i da odbacimo zlo iz naših srca. Hajde da brzo izbacimo zlo sa Rečju Božjom i molitvom tako da možemo da živimo život ispunjen srećom.

Karakteristike ljubavi

Što se više razvija društvo, veće su šanse da pošteni ljudi budu uspešni. Suprotno tome, manje razvijene zemlje sklone su da imaju više korupcije i skoro sve se može imati ili uraditi sa novcem. Korupciju nazivamo bolest nacije, jer se odnosi na napredak zemlje. Korupcija i nepravednost takođe pogađaju živote pojedinaca do velike mere. Sebični ljudi ne mogu da steknu iskreno zadovoljstvo jer misle samo na sebe i ne mogu da vole druge.

Ne ne misliti o zlu je skoro slično. „Ne uzimati u obzir pogrešno pretrpeno“ je nemati nikakav oblik zla u srcu. „Ne radovati se u nepravednosti“ je ne biti zadovoljan sa sramnim ili stidnim držanjem, delima ili ponašanjem i nije učestvovanje u istim.

Pretpostavimo da ste ljubomorni na prijatelja koji je bogat. Vama se on takođe neće svideti jer se čini da se on stalno hvali o njegovom bogatstvu. Vi ćete takođe misliti nešto kao: „On je toliko bogat, a šta je samnom? Nadam se da će da bankrotira.“ Ovo je misliti o lošim stvarima. Ali jednog dana, neko ga je prevario i njegova kompanija je bankrotirala u jednom danu. Ovde, ako uživate misleći: „On se hvalio o svom bogatstvu, neka mu je!“ onda je ovo radovanje ili uživanje u nepravednosti. Šta više, ako učestvujete u ovoj vrsti dela, to je u stvari radovanje nepravdi.

Postoji uopšteno nepravednost, za koju čak i nevernici misle da je nepravednost. Na primer, neki ljudi stiču svoje bogatstvo na nepošten način varajući ili primenom sile prema drugima. Neko će možda prekršiti propisane mere zakona zemlje i prihvatiće nešto u zamenu za svoj lični napredak. Ako sudija donese nepravednu osudu zbog primanja mita, nevin čovek je kažnjen, ovo je nepravednost iz svačijeg pogleda. To je zloupotreba njegove vlasti kao sudije.

Kada neko prodaje nešto, on može varati o obimu kvaliteta. On će možda iskoristiti jeftine ili manje kvalitetne sirovine da bi da bi dobio odgovarajuću zaradu. Oni ne misle na druge već samo na svoju kratkotrajnu korist. Oni znaju šta je ispravno, ali se ne ustezaju da varaju druge zato što se raduju u nepravednom novcu. Postoje u stvari mnogo ljudi koji varaju druge da bi nepravedno zaradili. Ali šta je sa nama? Možemo li reći da smo mi čisti?

Pretpostavimo da se nešto kao što sledi dogodi. Vi ste civilan radnik i saznali ste da jedan od vaših kolega zarađuje veliku svotu novca u ilegalnim poslovima. Da njega uhvate, on bi bio strogo kažnjen, i ovaj prijatelj vam daje veliku svotu novca da vi ćutite i da to ignorišete neko vreme. On kaže da će vam čak dati i više kasnije. U to isto vreme vaša porodica ima nešto hitno i vama je potrebna velika svota novca. Sada, šta ćete uraditi?

Dozvolite da zamislimo drugu situaciju. Jednog dana, proveravate vaš račun u banci, i imate više novca nego što ste mislili da imate. Saznajete da novac koji je trebao da bude prebačen za porez nije povučen. U ovom slučaju kako ćete reagovati? Da li ćete se radovati misleći da je to njihova greška a ne

Karakteristike ljubavi

vaša odgovornost?

2. Knjiga Dnevnika 19:7 kaže: „Zato neka bude strah GOSPODNJI u vama; pazite i radite, jer u GOSPODA Boga našeg nema nepravde, niti gleda ko je ko, niti prima poklone." Bog je pravednost, On nema ni malo nepravednosti. Mi možemo biti prekriveni u očima ljudi, ali mi ne možemo da prevarimo Boga. Prema tome, čak i sa samim strahom prema Bogu, mi treba da hodamo pravim putem i pošteno.

Razmislite o Avramovom slučaju. Kada je njegov rođak bio zarobljen u Sodomi u ratu, Avram ne samo da je oslobodio rođaka već je i ljude koji su bili zarobljeni i bili u njihovom vlasništvu. Kralj Sodome je želeo da pokaže njegovu zahvalnost Avramu vraćajući neke stvari koje je vratio kralju, ali Avram nije hteo da prihvati.

A Avram reče caru sodomskom: „Dižem ruku svoju ka GOSPODU Bogu Višnjem, čije je nebo i zemlja, zaklinjući se, ni konca ni remena od obuće neću uzeti od svega što je tvoje, da ne kažeš: 'Ja sam obogatio Avrama'" (Postanak 14:22-23).

Kada je njegova žena Sara umrla, vlasnik zemlje je ponudio mesto za grobnicu, ali on nije želeo da prihvati. On je samo platio poštenu cenu. To je bilo da ne bi došlo do nikakvih rasprava u vezi zemlje. On je uradio ono što je uradio zato što je bio pošten čovek; on nije želeo da primi ne zasluženi dobitak niti nepravednu korist. Da je tražio novac on je mogo samo da ide za samostalnu korist.

Oni koji vole Boga i koji su voljeni od Boga neće nikada

Ljubav: Ispunjenje Zakona

nauditi drugima ili tražiti sopstvenu korist kršeći zakon države. Oni ne prihvataju ništa više od onog što su zaslužili kroz njihov pošten rad. Oni koji se raduju nepravdi nemaju ljubavi za Boga ili za svoje komšije.

Nepravednost iz pogleda Božjeg

Nepravednost u Gospodu je malo drugačija od nepravednosti u uopštenom kontekstu. To nije samo kršenje zakona ili činjenje štete drugima već i sav i svaki greh koji je protiv Reči Božje. Kada zlo u srcu dolazi ispred u određenoj formi, to je greh i to je nepravednost. Između mnogo grehova, nepravednost se naročito odnosi na dela mesa.

Naime, mržnja, ljutnja, ljubomora i drugo zlo u srcu su razumljiva kao dela svađa, borbe, kršenja zakona, huljenja ili ubistva. Biblija nam govori da ako činimo nepravednosti, teško je čak i biti spašen.

1. Korinćanima Poslanica 6:9-10 govori: „Ili ne znate da nepravednici neće naslediti carstvo Božije? Ne varajte se: ni kurvari, ni idolopoklonici, ni preljubočinci, ni adžuvani, ni muželožnici, ni lupeži, ni lakomci, ni pijanice, ni kavgadžije, ni hajduci, carstvo Božije neće naslediti.“

Ahan je jedan od ljudi koji je voleo nepravednost koja je rezultirala kao njegovo uništenje. On je bio druga generacija Izlazka i još od detinjstva je video i čuo stvari koje je Bog činio za njegove ljude. On je video stub od oblaka tokom dana i stub od vatre tokom noći koji ga je vodio. On je video poplavu reke Jordan koja je prestala da teče i grad Jerihon koji je pao u momentu. On je takođe veoma dobro znao o vođi Isusu koji je zapovedio da niko ne sme da uzme ništa od stvari koje su bile u gradu Jerihonu, jer su to stvari ponuđene Bogu.

Ali u momentu kada je video stvari u gradu Jerihonu, on je izgubio svoje osećaje zbog pohlepe. Nakon što je živeo pust život u pustinji, stvari u gradu su izgledale prelepo za njega. U momentu kada je video prelepi kaput i parčad zlata i srebra, on je zaboravio na Reč Božju i zapovedanja Isusa i sakrio ih je za sebe.

Kroz ovaj greh Ahana, i kršenja zapovesti Boga, Izrael je pretrpeo mnogo žrtava u sledećoj borbi. To je bilo zbog gubitaka u kojima je Ahanova nepravednost otkrivena i on i njegova porodica su bili kamenovani do smrti. Kamenje je načinilo gomilu i ovo mesto je nazvano Ahanova dolina.

Takođe, pogledajte u Brojeve, poglavlje 22-24. Valam je bio čovek koji je mogao da komunicira sa Bogom. Jednog dana, Valak, kralj Moaba ga je pitao da uputi ljude Izraela. Tako da, Bog reče Valamu: „Ne idi s njima, niti kuni taj narod, jer je blagosloven" (Brojevi 22:12).

Nakon što je čuo Reč Božju Valam je odbio da odgovori na zahtev Moabskog kralja. Ali kada je kralj poslao njemu zlato i srebro i mnogo dragocenosti, njegove misli bile su uzdrmane. Na kraju, njegove oči su bile zaslepljene blagom i naučio je kralja da postavi zamku ispred ljudi Izraela. Koji je bio rezultat? Sinovi Izraela jeli su hranu žrtvovanu idolima i činili preljube i time doneli sebi veliko stradanje a Valam je na kraju ubiven mačem. To je bio rezultat voljenja nepravednih dobitaka.

Nepravednost se direktno odnosi na spasenje u Božjim očima.

Ako mi vidimo braću i sestre u veri da čine nepravednost baš kao nevernici na ovoj zemlji, šta bi mi trebali da uradimo? Naravno mi treba da žalimo za njima, da se molimo za njih i da im pomognemo da žive u skladu sa Reči. Ali neki vernici zavide takvim ljudima misleći: „Ja takođe želim da vodim lakši i mnogo ugodniji hrišćanski život kao oni.“ Šta više, ako učestvujete sa njima, mi ne možemo da kažemo da vi volite Gospoda.

Isus, iako nevin, umro je da bi nas izbavio koji smo nepravedni za Boga (1. Petrova Poslanica 3:18). Kako mi razumemo ovu veliku ljubav Gospoda, mi nikada ne treba da se radujemo nepravdi. Oni koji se ne raduju sa nepravednost ne izbegavaju samo da praktikuju nepravednost, već aktivno žive po Reči Božjoj. Onda, oni mogu da postanu prijatelji Gospoda i žive naprednim životom (Jevanđelje po Jovanu 15:14).

11. Ljubav se raduje u istini

Jovan, jedan od dvanaest učenika Isusa, bio je spašen od mučenja i živeo je dok nije umro od starosti šireći jevanđelje Isusa Hrista i volje Božje mnogim ljudima. Jedna od stvari u kojima je on uživao u zadnjim godinama je da čuje da su vernici pokušavali da žive po Reči Božjoj, istini.

On je rekao: „Obradovah se vrlo kad dođoše braća i posvedočiše tvoju istinu, kako ti u istini živiš. Nemam veće radosti od ove da čujem moja deca u istini da hode" (3. Jovanova Poslanica 1:3-4).

Mi možemo da vidimo koliko je on imao radosti iz izraza: „Obradovao sam se." On je nekada imao preku narav čak je i nazvan sinom grmljavine kada je bio mlad, ali nakon što se promenio on je nazvan apostolom ljubavi.

Ako mi volimo Boga, mi nećemo praktikovati nepravednost i šta više, mi ćemo praktikovati istinu. Mi ćemo se takođe radovati sa istinom. Istina se odnosi na Isusa Hrista, na jevanđelje i na svih 66 knjiga Biblije. Oni koji vole Boga i koji su voljeni od Njega će se svakako radovati sa Isusom Hristom i sa jevanđeljem. Oni se raduju kada se Božje kraljevstvo povećava. Sada šta se podrazumeva sa radovanjem u istini?

Prvo, to je radovati se sa „jevanđeljem."

„Jevanđelje" je dobra vest da smo spašeni kroz Isusa Hrista i da idemo u kraljevstvo nebesko. Mnogi ljudi traže istinu postavljajući pitanja kao: „Koja je životna namera? Koja je vrednost života?"

Da bi dobili odgovore na ova pitanja, oni studiraju filozofske ideje, ili pokušavaju da dobiju odgovore kroz razne religije. Ali istina jeste Isus Hrist i niko ne može da ode na Nebo bez Isusa Hrista. Zbog toga' je Isus rekao: „Ja sam put i istina i život; niko neće doći k Ocu do kroza Me" (Jevanđelje po Jovanu 14:6).

Mi dobijamo spasenje i dostižemo večni život prihvatanjem Isusa Hrista. Nama je oprošteno od grehova kroz krv Gospodovu i mi smo premešteni iz Pakla na Nebo. Mi sada razumemo značenje života i živimo vredan život. Prema tome, to je nešto sasvim prirodno da se radujemo sa jevanđeljem. Oni koji se raduju sa jevanđeljem će vrlo marljivo preneti to takođe i drugima. Oni će ispuniti njihove Bogom dane dužnosti i vrlo predano će širiti jevanđelje. Takođe, oni se raduju kada duša čuje jevanđelje i dobije spasenje prihvatanjem Gospoda. Oni se raduju kada se Božje kraljevstvo povećava. „[Bog] koji hoće da se svi ljudi spasu, i da dođu u poznanje istine" (1. Poslanica Timotiju 2:4).

Postoje neki vernici, međutim, koji su ljubomorni na druge kada evangelizuju mnoge ljude i beru dobro voće. Takve crkve su ljubomorne na druge crkve kada se druge crkve šire u davanju slave Bogu. Ovo nije radovati se sa istinom. Ako mi imamo duhovnu ljubav u srcu, mi ćemo se radovati kada vidimo da se kraljevstvo Božje uveliko ispunjava. Mi ćemo se radovati zajedno kada vidimo crkvu koja se širi i voljena je od Boga. Ovo je radovati se sa istinom, što je radovati se sa jevanđeljem.

Drugo, radovati se sa istinom znači radovati se sa svim što pripada istini.

To je radovati se kada vidimo, čujemo i radimo stvari koje

pripadaju istini kao što su dobrota, ljubav i pravda. Oni koji se raduju sa istinom su dirnuti i liju suze kada čuju čak i mala dela. Oni priznaju da je Reč Božja istina i da je slađa od meda iz košnica. Tako da, oni se raduju slušajući ceremonije i čitajući Bibliju. Šta više, oni se raduju u praktikovanju Reči Božje. Oni se radosno povinuju Reči Božjoj koja nam govori da „služimo, razumemo i da oprostimo" čak i onima koji ih uznemiravaju.

David je voleo Boga i on je želeo da izgradi Hram Božji. Ali Bog mu nije dozvolio. Razlog je zapisan u 1. Knjizi Dnevnika 28:3: „Nećeš sazidati dom imenu Mom, jer si ratnik i krv si prolivao." Bilo je neminovno Davidu da proliju krv jer je bio u mnogim ratovima, ali u Božjim očima David nije smatran prikladnim za taj zadatak.

David nije mogao da izgradi sam Hram ali je pripremio sav materijal za konstrukciju tako da je njegov sin Solomon mogao da ga podigne. David je pripremio materijal svom svojom snagom i samim time što je to radio činilo ga je nemoguće srećnim. „I radovaše se narod što dragovoljno prilagahu, jer prilagahu celim srcem Gospodu; i car se David radovaše veoma" (1. Knjiga Dnevnika 29:9).

Slično ovome, oni koji se raduju sa istinom će se radovati kada drugim ljudima ide dobro. Oni nisu ljubomorni. Nezamislivo je za njih da misle zle stvari kao što su: „nešto treba loše da krene po tu osobu," ili da nađu zadovoljstvo zato što su drugi ljudi nesrećni. Kada oni vide da se nešto nepravedno dešava, oni će žaliti zbog toga. Takođe, oni koji se raduju sa istinom mogu da vole sa dobrotom, sa ne promenjenim srcem, istinitošću i čestitošću. Oni se raduju sa dobrim rečima i dobrim delima. Bog se takođe raduje sa njima veseleći se kao što je zapisano u Sofoniji 3:17:

Ljubav: Ispunjenje Zakona

„GOSPOD Bog tvoj, koji je usred tebe, silni, spašće te. Radovaće ti se veoma, umiriće se u ljubavi svojoj, veseliće se tebe radi pevajući.“

Čak iako vi ne možete da se radujete sve vreme vi ne morate da izgubite srce ili da budete razočarani. Ako date najbolje od sebe, Bog ljubavi će prihvatiti čak i taj napor kao „radovanje u istini.“

Treće, radovati se istini je verovati u Reč Božju i pokušati da je praktikujete.

Retkost je naći osobu koja može da se raduje samo sa istinom od početka. Sve dok imamo tamu i neistinu u nama, mi ćemo možda misliti o zlim stvarima ili ćemo se radovati takođe u nepravednosti. Ali ako se menjamo malo po malo i odbacimo svu neistinu u srcu, mi možemo da se radujemo u istini potpuno. Sve do tada, mi treba da se naporno trudimo.

Na primer, ne oseća svako radost kada posećuje službe bogosluženja. U slučaju novih vernika ili onih sa slabom verom, oni će se možda osećati umorno, ili će njihova srca biti na nekom drugom mestu. Oni će se možda razmišljati o rezultatu košarkaške utakmice ili možda će biti nervozni zbog poslovnog sastanka koji treba sutra da imaju.

Ali želja za dolaskom u hram da bi bili na službi bogosluženja je napor da pokušamo da se povinujemo Reči Božjoj. To je radovati se sa istinom. Zašto mi moramo da pokušamo na ovaj način? To je da bi bili spašeni i da bi otišli na Nebo. Zato što smo čuli Reč istine i verujemo u Boga, mi takođe verujemo da postoji sud, i da postoji Nebo i Pakao. Zato što znamo da tamo postoje različite nagrade na Nebu, mi ćemo pokušati mnogo revnosnije da postanemo posvećeniji i da radimo predano u celoj Božjoj kući. Iako se ne radujemo sa istinom 100%, ako damo sve od sebe u našoj meri vere, to je već radovanje sa istinom.

Glad i žeđ za istinom

Biće to tako prirodno za nas da se radujemo sa istinom. Samo istina nam daje večni život i može da nas potpuno promeni. Ako mi čujemo istinu naime jevanđelje, i praktikujemo ga, mi ćemo dostići večni život i mi ćemo postati Božje iskreno dete. Zato što smo ispunjeni sa nadom za nebeskim kraljevstvom i duhovnom ljubavi, naša lica će uvek sijati radosno. Takođe, do mere da smo se promenili u istini, mi ćemo biti srećni zato što smo voljeni i blagosloveni od Boga, takođe smo i voljeni od mnogih ljudi.

Mi treba da se radujemo sa istinom sve vreme, i šta više, mi treba da imamo glad i žeđ za istinom. Ako ste gladni i žedni, vi ćete iskreno želeti hranu i piće. Kada mi žudimo za istinom, mi treba da žudimo za njom iskreno kako bi mogli brzo da se promenimo u čoveka od istine. Mi treba da živimo život u kome uvek jedemo i pijemo istinu. Šta je jesti i piti istinu? To je održavati Reč Božju istinu u našem srcu i praktikovati je.

Ako stanemo ispred nekoga koga volimo toliko mnogo, teško će biti da sakrijemo radost na našim licima. To je isto i kada volimo Boga. Odmah sada, mi nismo u mogućnosti da stanemo ispred Boga licem u lice, ali ako mi iskreno volimo Boga, to će se videti sa spolja. To je, ako mi samo vidimo ili čujemo nešto u vezi istine, nama će biti drago i obradovaćemo se. Naša srećna lica neće biti neprimećena od ljudi iz naše okoline. Mi ćemo liti suze zahvalni i mislićemo na Boga i Gospoda, i naša srca će biti dirnuta

Ljubav: Ispunjenje Zakona

malo po malo sa delima i dobrotom.

Suze koje pripadaju dobroti, kao što su suze zahvalnice i suze žalosti za drugim dušama biće lepi dragulji koji će kasnije ukrašavati kuće na Nebu. Dozvolite nam da se radujemo sa istinom kako bi naši životi bili prepuni dokaza da smo bili voljeni od Boga.

Osobine duhovne ljubavi II

6. Ona ne deluje nepristojno

7. Ona ne traži svoje

8. Ona se ne srdi

9. Ona ne uzima u obzir pogrešno pretrpeno

10. Ona se ne raduje nepravdi

11. Ona se raduje istini

Karakteristike ljubavi

Kako mi prihvatamo Isusa Hrista i pokušavamo da živimo po Reči Božjoj, postojaće mnogo toga sa čim ćemo morati da se nosimo. Mi moramo da se nosimo sa provokativnim situacijama. Mi takođe treba da vežbamo samokontrolu nad našom sklonošću da pratimo sopstvene želje. Zbog toga je opisano u glavnim osobinama ljubavi i rečeno da budemo strpljivi.

Biti strpljiv je u vezi borbe nad samim sobom gde osoba iskušavana u pokušaju da odbaci neistinu u srcu. „Nositi se sa svim" ima široko značenje. Nakon što mi kultivišemo istinu u našim srcima kroz strpljenje, mi moramo da se nosimo sa bolovima koji mogu da nam se nađu na putu zbog drugih ljudi. Konkretno to je nositi se sa svim što nije u skladu sa duhovnom ljubavlju.

Isus je došao na zemlju da spase grešnike, i kako su se ljudi ophodili prema njemu? On je činio samo dobre stvari, i ipak su Ga ljudi ismevali, odbacivali i gledali Ga sa ne poštovanjem. Na kraju su Ga razapeli. Isus je ipak izdržao sve ovo od svih ljudi i On je prineo gore neprestane molitve za njih. On se molio za njih, govoreći: „Oče, oprosti im; jer oni ne znadu šta čine" (Jevanđelje po Luki 23:34).

Koji je bio rezultat Isusovog nošenja sa svim i voljenja ljudi? Svako ko prihvati Isusa kao svog ličnog Spasitelja može sada da primi spasenje i da postane Božje dete. Mi smo oslobođeni od smrti i premešteni smo u večni život.

Korejanska izreka kaže. „Sameljite sekiru da napravite iglu." To znači da sa sa strpljivošću i istrajnošću mi možemo da ispunimo svaku vrstu teškog zadatka. Koliko mnogo vremena i snage će nam biti potrebno da sameljemo sekiru da bi napravili oštru iglu? To odista izgleda kao nemogući zadatak da će neko reči: „Zašto ne prodaš sekiru i kupiš iglu?"

Ali Bog je samovoljno preuzeo takav napor, jer je On gospodar našeg duha. Bog je spor sa ljutnjom i uvek istraje sa nama pokazujući nam milost i druželjubivost samo zato što nas On voli. On nas održava i polira ljude čak iako su njihova srca čvrsta poput sekire. On čeka na svakoga da postane Njegovo iskreno dete, čak iako ne izgleda da ima bilo koju šansu da postane jedno od njih.

Trsku stučenu neće prelomiti i sveštilo zapaljeno neće ugasiti dok pravda ne održi pobedu (Jevanđelje po Mateju 12:20).

Čak i danas Bog podnosi sve bolove koji dolaze kada vidi ljudska dela i čeka nas sa radosti. On je bio strpljiv sa ljudima, čeka na njih da se promene u dobroti čak iako su radili zlo hiljadu godina. Čak iako su okrenuli leđa Bogu i služili idolima, Bog je pokazao njima da je On iskren Bog i traje sa njima u veri. Ako Bog kaže: „Ti si pun nepravednosti i ti si bespomoćan. Ja ne mogu ovo više da trpim," onda, koliko mnogo ljudi će biti spašeno?

Baš kao što je navedeno u Jeremiji 31:3: „Ljubim te ljubavlju večnom, zato ti jednako činim milost," Bog nas vodi sa ovom trajnom, beskonačnom ljubavi.

Tokom mog službovanja kao pastor velike crkve, ja sam mogao da razumem ovu strpljivost Boga do neke mere. Postojalo je mnogo ljudi koji su imali mnogo rđavih i negativnih pojava, ali osećajući srce Boga ja sam uvek gledao na njih sa očima vere da će se oni jednog dana promeniti i da će dati slavu Bogu. Kako sam ja bio strpljiv sa njima sa vremenom i ponovo sa verom u njih, mnogi crkveni članovi su izrasli u dobre vođe.

Svaki put ja sam zaboravljao o vremenu u kojem sa istrajao sa njima, i osećao sam da to kratko traje. U 2. Petrovoj Poslanici 3:8 je zapisano: „Ali ovo jedno da vam ne bude nepoznato, ljubazni, da je jedan dan pred Gospodom kao hiljadu godina, i hiljadu godina kao jedan dan," i ja mogu da razumem šta je ovaj stih značio. Bog će izdržati u svim stvarima toliko mnogo vremena i ipak i On smatra to vreme daje osećaj momenta. Dozvolite nam da razumemo ovu ljubav Boga i sa njom nam dozvolite da volimo sve okolo nas.

13. Ljubav veruje u sve

Ako vi zaista volite nekoga, vi ćete verovati u sve od te osobe. Čak iako druga osoba ima neke nedostatke, vi ćete i dalje pokušavati da verujete toj osobi. Muž i žena su spojeni zajedno u ljubavi. Ako venčani par nema ljubavi, to znači da oni ne veruju jedno drugome, tako da se će se oni raspravljati u vezi svake sitnice i imaće sumnje u svakom pogledu u odnosu na supružnika. U ozbiljnim slučajevima oni imaju zablude o neverstvu i uzrokuju jedan drugome fizički i mentalni bol. Ako oni iskreno vole jedan drugog oni u potpunosti veruju jedno drugom, i oni će verovati da je njihov supružnik dobra osoba i radiće na kraju sve dobro. Onda, kako su oni verovali, njihov supružnik će postati odličan u svojoj oblasti ili uspešan u onome što radi.

Poverenje i vera mogu da budu standard po kome se meri jačina ljubavi. Prema tome, verovati u Boga u potpunosti je voleti Njega u potpunosti. Avram, otac vere, je bio nazvan prijateljem Božjim. Bez ikakvog ustezanja Avram se povinovao zapovestima Božjim koji mu je rekao da napravi žrtvu paljenicu od svog jedinog sina Isaka. On je bio sposoban da to učini zato što je u potpunosti verovao Bogu. Bog je video veru Avrama i prepoznao je njegovu ljubav.

Voleti je verovati. Oni koji u potpunosti vole Boga će Njemu verovati u potpunosti. Oni veruju svim rečima Božjim 100%. I zato što veruju svim stvarima oni će se nositi sa svim stvarima. Da bi podneli sve stvari koje su protiv ljubavi, mi moramo da verujemo. Naime, samo kada verujemo svim rečima Božjim, mi možemo da se nadamo svemu i da preobratimo naša srca da bi odbacili sve što je protivno ljubavi.

Naravno, u mnogo užem smislu, to nije da smo verovali u Boga zato što smo Njega voleli od samog početka. Bog je najpre voleo nas, i verujući u tu činjenicu, mi volimo Boga. Kako je Bog voleo nas? On je darežljivo dao Njegovog prvorođenog Sina za nas, koji smo grešnici da bi otvorio put spasenja.

Najpre, mi smo zavoleli Boga verujući u ovu činjenicu, ali ako kultivišemo ljubav u potpunosti, mi ćemo dostignuti nivo u kome verujemo zato što volimo. Kultivisati u potpunosti duhovnu ljubav znači da smo mi već odbacili svu neistinu u srcu. Ako nemamo nimalo neistine u srcima, nama će biti data duhovna vera od gore, sa kojom mi možemo da verujemo iz dubine naših srca. Onda, mi nikada nećemo sumnjati u Reč Božju i naše verovanje u Boga nikada ne može biti uzdrmano. Takođe, ako kultivišemo duhovnu ljubav u potpunosti, mi ćemo verovati svakome. To nije zato što su ljudi vredni poverenja, ali čak iako su oni puni nepravednosti i imaju mnogo nedostataka, mi ćemo gledati na njih sa očima vere.

Mi ćemo biti voljni da verujemo u svaku vrstu osobe. Mi takođe treba da verujemo i u sebe. Čak iako mi imamo mnogo nedostataka, mi treba da verujemo u Boga koji će nas promeniti i mi treba da pogledamo u sebe sa očima vere koje će nas same uskoro promeniti. Sveti Duh nam uvek govori u našim srcima: „Ti to možeš. Ja ću ti pomoći.“ Ako vi verujete u ovu ljubav i priznate: „Ja mogu da uradim dobro, i ja mogu da se promenim,“ onda će to Bog ispuniti u skladu sa vašim priznanjem u veri. Koliko je prelepo verovati!

Bog takođe veruje u nas. On je verovao da će svako od nas

spoznati ljubav Božju i da će doći do puta spasenja. Zato što je On pogledao na nas sa očima vere On je darežljivo žrtvovao Njegovog jednorođenog Sina na krstu. Bog veruje da čak i oni koji ne znaju ili još ne veruju u Boga da će biti spašeni i da će preći na stranu Boga. On veruje da oni koji su već prihvatili Gospoda će se promeniti u onu vrstu dece koja liče na Boga veoma mnogo. Hajde da verujemo u svaku vrstu osobe sa ovom Božjom ljubavlju.

14. Ljubav se nada svemu

Sledećim redosledom reči je zapisano na jednom spomeniku u Vestministerskoj (Westminster) opatiji u Ujedinjenom Kraljevstvu: „Tokom moje mladosti hteo sam da promenim svet, ali nisam mogao. Pokušao sam da promenim moju porodicu, ali nisam mogao. Samo tek pred smrt ja sam shvatio da sam mogao da promenim sve te stvari samo da sam se ja promenio.“

Obično, ljudi pokušavaju da promene neku osobu kada im se nešto ne dopada kod te osobe. Ali skore je nemoguće da promene druge ljude. Neki venčani parovi se svađaju oko nekih nebitnih stvari kao što je istiskivanje paste za zube od vrha ili od donjeg kraja. Mi prvo treba da promenimo sebe pre nego što pokušamo da promenimo druge. I onda sa ljubavi prema njima, mi možemo da čekamo da se drugi promene, sa iskrenom nadom da će se oni promeniti.

Nadati se svim stvarima je žudnja i čekanje da sve što ste verovali dolazi do istine. Naime, ako mi volimo Boga, mi ćemo verovati u svaku Reč Božju i nadaćemo se da će sve biti učinjeni u skladu sa Njegovom Reči. Vi se nadate za dane kada ćete podeliti ljubav sa Bogom Ocem zauvek u prelepom nebeskom kraljevstvu. Zbog toga vi ćete istrajati u svim stvarima da bi trčali u trci vere. Ali, šta ako ne postoji nada?

Oni koji ne veruju u Boga ne mogu da imaju nadu za nebeskim kraljevstvom. Zbog toga će oni živeti samo u skladu sa svojim željama jer nemaju nade za budućnost. Oni će pokušati da skupe više stvari i da se bore kako bi ispunili njihovu pohlepu. Ali bez obzira koliko oni imaju i uživaju oni ne mogu da steknu pravo zadovoljstvo. Oni žive njihov život sa strahom za budućnost.

Sa druge strane, oni koji veruju u Boga, nadaju se svim stvarima, tako da će oni ići težim putem. Zašto mi kažemo da je to teži put? To znači da je teži iz pogleda nevernika prema Bogu. Kako mi prihvatimo Isusa Hrista i postanemo Božje dete, mi stojimo u crkvi ceo dan u nedelju i prisustvujemo službama bogosluženja, bez da uzimamo neka svetska zadovoljstva. Mi radimo za Božje kraljevstvo volonterskim radom i molimo se da živimo po Reči Božjoj. Takve stvari je teško uraditi bez vere i zato se kaže da je to teži put.

U 1. Poslanici Korinćanima 15:19 Apostol Pavle govori: „I ako se samo u ovom životu uzdamo u Hrista, najnesrećniji smo od svih ljudi." Samo iz telesnog aspekta, život podnošenja i težak rad se čine teškim. Ali ako se nadamo svim stvarima, ovaj put je srećniji put od bilo kog drugog puta. Ako smo sa onima koje volimo veoma mnogo, mi ćemo biti srećni čak i u nekoj trošnoj kući. I misleći na činjenicu da ćemo živeti sa dragim Gospodom zauvek na Nebu, koliko srećni ćemo biti! Mi smo uzbuđeni i srećni samo dok mislimo o tome. Na ovaj način, sa iskrenom ljubavi mi nepromenjenog mišljenja čekamo i nadamo se sve dok se sve ono u šta verujemo ne ispuni.

Radujemo se svemu što je sa verom moćno. Na primer, recimo da jedno od vaše dece ide pogrešnim putem i ni malo ne uči. Čak i ovo dete ako verujete u njega i kažete da može to da uradi, i gledate ga sa očima vere da će se promeniti, ono može da se promeni u dobro dete u bilo koje vreme. Vera roditelja u decu će stimulisati dokaz i samopouzdanje deteta. Ona deca koja imaju samopouzdanje imaju veru da mogu da urade sve; ona će moći da prevaziđu poteškoće i takve osobine zaista utiču na njihov akademski uspeh.

To je isto i kada brinemo o dušama u crkvi. U svakom slučaju, mi ne smemo iznosimo zaključke o nekoj osobi. Mi ne treba da budemo obeshrabreni misleći: „Čini se veoma teškim za tu osobu da će se promeniti," ili „ona je i dalje ista." Mi treba da gledamo na svakoga sa očima nade kako bi oni mogli da se uskoro promene i da se istope od ljubavi Božje. Mi treba da nastavimo da se molimo za njih i da ih ohrabrujemo govoreći im i verujući: „Ti to možeš da uradiš!"

15. Ljubav trpi sve

1. Poslanica Korinćanima 13:7 govori: „[Ljubav]sve snosi, sve veruje, svemu se nada, sve trpi." Ako volite vi možete da istrpite u svim stvarima. Onda, šta to znači „istrpeti?" Kada istrajemo u stvarima koje nisu u skladu sa ljubavi, postojaće neke posledice zbog toga. Kada postoji vetar na jezeru ili moru, postojaće i talasi. Čak i kada se vetar smiri, postojaće ipak neki valovi. Čak i kada istrajemo u svim stvarima, one se neće samo završiti ako se nosimo sa njima. Tu će postojati neke posledice ili rezultati zbog toga.

Na primer, Isus je rekao u jevanđelju po Mateju 5:39: „A ja vam kažem da se ne branite oda zla, nego ako te ko udari po desnom tvom obrazu, obrni mu i drugi." Kao što je rečeno, čak i kada vas neko ošamari po desnom obrazu, vi nećete uzvratiti već ćete u tome istrajati. Onda, da li je sve gotovo? Ovde će biti nekih posledica zbog toga. Vi ćete imati bol. Vaš obraz će vas boleti, ali bol koji je u vašem srcu je mnogo veći bol. Naravno, ljudi imaju različite razloge u iskustvu bola u srcu. Neki ljudi imaju bol u srcu zato što oni misle da su ošamareni bez ikakvog razloga i onda su ljuti zbog toga. Ali drugi imaju bol u srcu zato što im je žao što su načinili tu osobu ljutom. Neki će se osećati žalosno kada vide brata da ne može da zadrži svoj stav, ali to izražava radije na fizički nego na mnogo konstruktivniji i pravilniji način.

Posledice nečega mogu doći od puta spoljašnjih okolnosti. Na primer, neko vas ošamari po desnom obrazu. Tako da vi ćete okrenuti i drugi u skladu sa Reči. Onda, on vas udara takođe i u levi. Vi izdržavate u tome prateći Reč, ali situacija se proširila i čini se da se u stvarnosti i pogoršala.

Ovo je bio slučaj sa Davidom. On nije nalazio kompromis znajući da će biti bačen u lavlji kavez. Zato što je voleo Boga, on nije prestajao da se moli čak i u životno opasnim situacijama. Takođe, on nije činio zlo prema onima koji su želeli da ga ubiju. Tako da, da li je njemu u svemu išlo na bolje pošto je istrajao u skladu sa Reči Božjom? Ne. On je bio bačen u lavlji kavez!

Mi ćemo možda misliti da će svi testovi nestati ako se nosimo sa stvarima koje nisu u skladu sa ljubavi. Onda, koji je razlog zašto nas testovi i dalje prate? To je proviđenje Božje da bi nas načinilo savršenim i da bi dobili neverovatne blagoslove. Polja će imati zdravu i jaku žetvu noseći se sa kišom, vetrom i jakim suncem. Proviđenje Božje je takvo da mi dolazimo ispred kao iskrena deca Božja kroz iskušenja.

Iskušenja i blagoslovi

Neprijatelj đavo i Sotona uznemiravaju živote Božje dece kada pokušavamo da živimo u Svetlosti. Sotona uvek pokušava da nađe sve moguće osnove da bi optužio ljude, i ako oni pokažu i malu mrlju, Sotona će ih zaista optužiti. Primer je kada neko radi sa zlobom protiv vas i vi nosite se sa tim od spolja a li ipak imate bolesne osećaje iznutra. Neprijatelj đavo i Sotona znaju to i donose optužbe protiv vas zbog ovih osećanja. Onda, Bog mora da dozvoli sudu skladu sa optužbama. Sve dok ne priznamo da nemamo zlo u srcu, postojaće testovi koji su nazvani: „testovi pročišćavanja.‟ Naravno, čak i nakon što mi odbacimo sve grehove i postanemo potpuno posvećeni, mogu postojati sudovi. Ova vrsta suda je dozvoljena da bi dobili veće blagoslove. Kroz ovo, mi ne ostajemo samo na nivou u kome nemamo ni malo zla ali ćemo i kultivisati veću ljubav i mnogo savršeniju dobrotu jer nemamo ni mrlju srama.

To nije samo za lične blagoslove; isti princip se dešava i kada pokušavamo da ispunimo kraljevstvo Božje. Da bi Bog pokazao velika dela, mera na skali pravde treba da se sretne. Pokazivanjem velike vere i dela ljubavi, mi treba da dokažemo da imamo bokal da bi dobili odgovore, tako da neprijatelj đavo to ne može da opovrgne.

Tako da, Bog ponekad nama dozvoljava testove. Ako mi istrajemo samo sa dobrotom i ljubavi, Bog nam dozvoljava da slavu dajemo Njemu još više sa većom pobedom i On nam daje veće nagrade. Naročito, ako vi prevaziđete osude i nevolje koje ste dobili za milost Gospoda, vi ćete odista dobiti veće nagrade. „Blago vama ako vas uzasramote i usprogone i kažu na vas svakojake rđave reči lažući, Mene radi. Radujte se i veselite se, jer je velika plata vaša na Nebesima, jer su tako progonili proroke pre vas‟ (Jevanđelje po Mateju 5:11-12).

Trpeti, verovati, nadati se i izdržati u svim stvarima

Ako vi verujete u sve stvari sa ljubavi, vi možete da prevaziđete svaku vrstu testa. Onda, koliko naročito ćemo moći da verujemo, nadamo se i istrajemo u svim stvarima?

Prvo, mi moramo da verujemo verujemo u ljubav Božju sve do kraja, čak i za vreme iskušenja.

1. Petrova Poslanica 1:7 govori: „...da se kušanje vaše vere mnogo vrednije od zlata propadljivog koje se kuša ognjem nađe na hvalu i čast i slavu, kad se pokaže Isus Hristos." On nas oplemenjuje tako da bi mi imali kvalifikacije i da bi mogli da uživamo u hvali i slavi i počasti kada se život ovde na zemlji završi.

Takođe, ako mi živimo u skladu sa Reči Božjom u potpunosti ne kompromitujući se sa svetom, mi ćemo možda imati neke prilike gde možemo da se sretnemo sa nepravednom patnjom. Svaki put, mi treba da verujemo da smo dobili posebnu ljubav Boga. Onda, radije nego da budemo obeshrabreni, mi ćemo biti zahvalni zato što nas Bog vodi ka boljem mestu boravka na Nebu. Takođe, mi treba da verujemo u ljubav Božju i treba da verujemo sve do kraja. Može postojati neka patnja u iskušavanju vere.

Ako je bol velika i nastavlja se duže vreme, mi ćemo možda misliti: „Zašto mi Bog ne pomogne? Zar me On ne voli više?" Ali u tim vremenima, mi treba da se setimo ljubavi Božje mnogo jasnije i da istrajemo u iskušenjima. Mi treba da verujemo da Bog Otac želi da nas povede do lepšeg mesta boravka zato što nas On voli. Ako mi istrajemo do kraja, mi ćemo na kraju postati savršeno dete Božje. „A trpljenje neka delo dovršuje, da budete savršeni i celi bez ikakve mane" (Jakovljeva Poslanica 1:4).

Drugo, istrajati u svim stvarima je imati verovanje da su iskušenja prečice da bi se ispunilo naše nadanje.

Poslanica Rimljanima 5:3-4 govori: „Ne samo, pak, to nego se hvalimo i nevoljama, znajući da nevolja trpljenje gradi; A trpljenje iskustvo, a iskustvo nadanje;" Nevolje su ovde kao prečice da bi se ispunilo naše nadanje. Vi ćete možda misliti: „Oh, kada ja mogu da se promenim?" ali ako vi istrajete i nastavite da se menjate ponovo i ponovo, onda malo po malo vi ćete na kraju postati iskreno i savršeno Božje dete koje liči na Njega.

Prema tome, kada iskušenja dođu, vi ne treba da ih izbegnete već da ih prođete sa najvećom snagom. Naravno, to je zakon prirode i prirodna želja za čoveka odabere sam lakši put. Ali ako mi pokušamo da pobegnemo od ovih iskušenja, naše putovanje će biti samo duže. Na primer, postoji osoba koja konstantno i u svakom pogledu nastoji da vam zadaje probleme. Vi ne pokazujete otvoreno sa spolja, ali osećate se veoma neugodno kada sretnete tu osobu. Tako da, vi samo želite da je izbegnete. U ovoj situaciji, vi ne treba da pokušavate da ignorišete situaciju, već treba veoma aktivno da je prevaziđete. Vi treba da istrajete sa naporima koje imate za njega i da kultivišete srce da bi iskreno mogli da razumete i da oprostite takvoj osobi. Onda, Bog će vam dati još veću milost i vi ćete se promeniti. Slično tome, svaka od iskušenja će postati kamen po kome može da se gazi i prečica na vašem putu u ispunjavanju vaših nada.

Treće, istrajati u svim stvarima, je imati samo dobrotu.

Kada se suoče sa posledicama, čak i kada istraju u svim stvarima u skladu sa Reči Božjom, obično se ljudi žale protiv Boga. Oni se žale govoreći: „Zašto se situacija ne menja kada radim po Reči?" Sva iskušenja u veri su dovedena od neprijatelja đavola i Sotone. Naime, testovi i iskušenja su borba između dobrog i zla.

Da bi pobedili u bitci u ovoj duhovnoj borbi, mi moramo da se borimo u skladu sa pravilima duhovnog kraljevstva. Zakon duhovnog kraljevstva je da dobrota na kraju pobeđuje. Poslanica Rimljanima 12:21 govori: „Ne daj se zlu nadvladati, nego nadvladaj zlo dobrim." Ako mi činimo sa dobrotom na ovaj način, čini se da smo se suočili sa gubitkom i da smo izgubili u jednom trenutku ali u stvari suprotno je od toga. To je zato što Božja pravda kontroliše bogatstvo, nevolje život i smrt ljudsku. Prema tome, kada smo suočeni sa testovima, iskušenjima i osuđivanjima mi treba da radimo samo u dobroti.

U istim slučajevima postoje vernici koji se suočavaju sa osuđivanjima od svojih nevernih članova porodice. U ovakvim slučajevima, vernici će možda misliti: „Zašto je moj muž tako zao? Zašto je moja žena tako zlobna?" Ali onda, test će postati još veći i duži. Šta je dobrota u ovoj vrsti situacije? Vi treba da se molite i da služite njima u Gospodu. Vi treba da postanete svetlost koja sija tako sjajno nad vašom porodicom.

Ako se vi samo dobro ponašate prema njima, Bog će uraditi Njegova dela u najprikladnije vreme. On će izbaviti napolje neprijatelja đavola i Sotonu i dotaći će takođe srca članova vaše porodice. Svi problemi će biti rešeni kada radite u dobroti u skladu sa pravilima Božjim. Najmoćnije oružje u duhovnoj borbi nije u moći i mudrosti čoveka već u dobroti Božjoj. Prema tome, dozvolite nam da istrajemo samo u dobroti i da radimo dobre stvari.

Postoji li neko u vašoj okolini za koga mislite da je teško da ostanete blizu i teško da istrajete? Neki ljudi čine greške sve vreme, uzrokuju štetu i otežavaju drugima. Neki se žale mnogo i čak i postaju mrzovoljni u malim stvarima. Ali ako vi kultivišete iskrenu ljubav u vama, neće postojati niko sa kime vi ne možete istrajati. To je zato što ćete vi voleti druge kao što volite sebe, baš kao što nam je Isus rekao da volimo naše komšije kao sebe same (Jevanđelje po Mateju 22:39).

Bog Otac takođe razume nas i istraje na ovaj način sa nama. Sve dok ne kultivišete ovu ljubav u vama, vi treba da živite kao biserna školjka. Kada strano telo poput peska morske trave ili čestica ljuske počinje da ulazi između njenog oklopa i njenog tela, biserna školjka to menja u dragoceni biser! Na ovaj način, ako mi kultivišemo duhovnu ljubav, mi ćemo proći kroz bisernu kapiju i ući ćemo u Novi Jerusalim gde je Božji presto smešten.

Zamislite samo vreme kada ćete prolaziti kroz bisernu kapiju i kada se setite vaše prošlosti na zemlji. Vi bi trebali da možete da

Karakteristike ljubavi

priznate Ocu Bogu: „Hvala Ti što istraješ, veruješ, nadaš se i traješ u svim stvarima zbog mene,“ jer On će oblikovati naša srca u prelepe bisere.

Osobine duhovne ljubavi III

12. Ona se nosi sa svim

13. Ona veruje u sve

14. Ona se nada u svemu

15. Ona trpi sve

Savršena ljubav

,, Ljubav nikad ne prestaje, a proroštvo ako će i prestati, jezici ako će umuknuti, razuma ako će nestati. Jer nešto znamo i nešto prorokujemo; a kad dođe savršeno, onda će prestati šta je nešto. Kad ja bejah malo dete kao dete govorah, kao dete mišljah, kao dete razmišljah; a kad postadoh čovek, odbacih detinjstvo. Tako sad vidimo kao kroz staklo, u zagonetki, a onda ćemo licem k licu; sad poznajem nešto, a onda ću poznati kao što sam poznat. A sad ostaje vera, nada, ljubav, ovo troje; ali je ljubav najveća među njima. "

1. Poslanica Korinćanima 13:8-13

Kada odlazite na Nebo, ako možete da ponesete jednu stvar sa vama, šta biste želeli da ponesete? Zlato? Dijamant? Novac? Sve ove stvari su bezvredne na Nebu. Na Nebu, putevi po kojima ćete gaziti su od čistog zlata. Ono što je Bog Otac pripremio u nebeskim mestima boravka je tako lepo i dragoceno. Bog razume naša srca i priprema najbolje stvari svom Njegovom snagom. Ali postoji jedna stvar koju možemo da ponesemo sa ove zemlje i koja će takođe na Nebu biti veoma vredna. To je ljubav. Ljubav je ta koja je kultivisana u našim srcima dok smo živeli na ovoj zemlji.

Ljubav nam je potrebna takođe i na Nebu

Kada se ljudska kultivacija završi i kada mi odemo u nebesko kraljevstvo, sve stvari na ovoj zemlji će nestati (Otkrivenje Jovanovo 21:1). Psalmi 103:15 govore: „Dani su čovečiji kao trava; kao cvet u polju, tako cveta.“ Čak i nedodirljive stvari kao što su raskoš, bogatstvo i vlast će takođe nestati. Svi grehovi i tama kao što su mržnja, svađe, ljutnja i ljubomora će nestati.

Ali 1. Poslanica Korinćanima 13:8-10 kaže „Ljubav nikad ne prestaje, a proroštvo ako će i prestati, jezici ako će umuknuti, razuma ako će nestati. Jer nešto znamo i nešto prorokujemo; A kad dođe savršeno, onda će prestati šta je nešto.“

Dar proroštva, govor jezicima i znanje u Bogu su sve duhovne stvari, tako da što će one nestati? Nebo je duhovno kraljevstvo i savršeno mesto. Na Nebu, nama će sve postati mnogo jasnije. Čak iako mi komuniciramo sa Bogom jasno i prorokujemo, to je mnogo drugačije od razumevanja svega u nebeskom kraljevstvu u budućnosti. Onda, mi ćemo jasno razumeti srce Boga Oca i Gospoda, tako da prorokovanje neće više biti potrebno.

To je isto i sa jezicima. Ovde, „jezici" se odnose na različite jezike. Sada, mi imamo mnogo različitih vrsta jezika ovde na zemlji, stoga ako hoćemo da govorimo sa drugima koji govore različitim jezikom mi najpre treba da naučimo njihov jezik. Kroz kulturne razlike, nama je potrebno mnogo vremena i napora da podelimo srce i misli. Čak ako i govorimo istim jezikom, mi ne možemo da razumemo druga ljudska srca i misli u potpunosti. Čak iako govorimo tečno i razrađeno, nije lako da iznesemo naša srca i misli 100%. Zbog reči, mi ćemo možda imati nerazumevanje i rasprave. Postoje takođe i mnogo grešaka u rečima.

Ali ako mi odemo na Nebo, mi nećemo morati da imamo briga o ovim stvarima. Postoji samo jedan jezik na Nebu. Tako da, nema potrebe za brigom o ničemu što drugi ne razumeju. Zato što je dobro srce izraženo kao što jeste, tamo ne može postojati nerazumevanje ili predrasude.

To je isto i sa znanjem. Ovde „znanje" se odnosi na znanje Reči Božje. Kada mi živimo na ovoj zemlji mi revnosno učimo Reč Božju. Kroz 66 knjiga Biblije, mi učimo kako možemo da budemo spašeni i da dostignemo večni život. Mi učimo o volji Božjoj, ali to je samo jedan deo Božje volje, što je samo ono što treba da učinimo da bi otišli na Nebo.

Na primer, mi čujem o učimo i praktikujemo takve reči kao što su: „Volite jedni druge," „Da nema zavisti, ne budite ljubomorni" i tako dalje. Ali na Nebu, postoji samo ljubav i tako da, nama nisu potrebne ove vrste znanja tamo. Iako su to duhovne stvari, na

Ljubav: Ispunjenje Zakona

kraju i prorokovanje, različiti jezici i svo znanje će takođe nestati. To je zato što su one potrebne samo privremeno u ovom fizičkom svetu.

Prema tome, važno je da znamo Reč istine i da znamo o Nebu, ali je mnogo važnije da kultivišemo ljubav. Do mere da smo preobratili naše srce i kultivisali ljubav mi možemo da uđemo na bolje nebesko mesto boravka.

Ljubav je večno dragocena

Samo se setite vremena vaše prve ljubavi. Koliko srećni ste bili! Kako znamo da kažemo da smo slepi od ljubavi, ako mi zaista volimo nekoga, mi možemo samo da vidimo dobre stvari u toj osobi i sve na svetu izgleda prelepo. Sunce izgleda sjajnije nego ikada, i možemo da osetimo čak i miris u vazduhu. Postoje neki labaratorijski izveštaji u koji stoji da delovi mozga koji kontrolišu negativne i kritikujuće misli aktivne manje su aktivne od onih koji su u ljubavi. Na isti način, ako ste vi ispunjeni sa ljubavi za Boga u vašem srcu, vi ste samo tako srećni čak iako ne jedete. Na Nebu, ovakva vrsta radosti će trajati večno.

Naš život na ovoj zemlji je kao život deteta u poređenju sa životom koji ćemo imati na Nebu. Beba koja je tek počela da govori može da izgovori samo nekoliko lakih reči kao što su „mama" ili „tata." On ne može da izrazi mnogo stvari jasno do detalja. Takođe, deca ne mogu da razumeju složenije stvari sveta kao što to mogu odrasli. Deca govore, razumeju i misle svojim znanjem i sposobnostima kao deca. Oni nemaju jasan prikaz o vrednosti novca, tako da ako su predstavljeni sa novčićem ili predlogom zakona, oni će naravno izabrati novčić. To je zato što oni znaju da je novčić nekako vredan njima jer će im koristiti za kupovinu bombona ili kokica, ali oni ne znaju za vrednost zakona.

To je isto i sa razumevanjem Neba dok živimo na ovoj zemlji. Mi znamo da je Nebo prelepo mesto, ali je teško da izrazimo koliko je u stvari lepo. U nebeskom kraljevstvu, ne postoje ograničenja tako da lepota može da biti izražena do najveće mere. Kada mi dođemo na Nebo, mi ćemo takođe moći da razumemo beskonačnost i misterije nebeskog kraljevstva i principe sa kojima sve funkcioniše. Ovo je navedeno u 1. Poslanici Korinćanima 13:11: „Kad ja bejah malo dete kao dete govorah, kao dete mišljah, kao dete razmišljah; a kad postadoh čovek, odbacih detinjstvo.“

U nebeskom kraljevstvu, ne postoji tama niti brige ni uznemirenost. Samo dobrota i ljubav postoje. Tako da, mi možemo da izrazimo našu ljubav i da služimo jedni drugima koliko god to želimo. Na ovaj način, fizički svet i duhovno kraljevstvo su potpuno različiti. Naravno, čak i na ovoj zemlji, postoji velika razlika u ljudskom razumevanju i mislima u skladu sa verom vere svakoga pojedinca.

U 1. Jovanovoj Poslanici poglavlje 2, svaki nivo vere se upoređuje sa malom decom, decom, mladim ljudima i očevima. Za one koji su u nivou vere malog deteta ili malo starijeg deteta, oni su kao deca u duhu. Oni ne mogu da zaista razumeju dubinu duhovnih stvari. Oni imaju malo snage da bi praktikovali Reč. Ali

kada oni postanu mladi mladići ili očevi, njihove reči i dela
postaju drugačija. Oni imaju više mogućnosti da praktikuju Reč
Božju i oni mogu da pobede u borbi protiv moći tame. Ali čak
iako su ispunili veru očeva na ovoj zemlji, mi možemo da kažemo
da su oni ipak još kao deca sve do vremena dok ne uđu u nebesko
kraljevstvo.

Mi ćemo osetiti savršenu ljubav

Detinjstvo je vreme pripremanja da bi se postao odrastao i
slično tome, život na ovoj zemlji je priprema za večni život. I, ova
zemlja je kao senka u upoređenju sa večnim kraljevstvom neba i
ona prolazi brzo nestaje. Senka nije u stvari biće. Drugim rečima
to nije stvarno. To je samo lik koji liči na pravo biće.

Kralj David je blagoslovio GOSPODA ispred celog skupa, i
rekao: „Jer smo došljaci pred Tobom i gosti kao svi oci naši; dani
su naši na zemlji kao sen i nema stajanja" (1. Knjiga Dnevnika
29:15).

Kada mi gledamo na senku nečega, mi možemo da razumemo
opšti izgled tog objekta. Ovaj fizički svet je takođe kao senka koja
nam daje brzu ideju o večnom svetu. Kada senka, što je život na
zemlji prođe, prava suština će biti jasno otkrivena. Upravo sada,
mi znamo o duhovnom kraljevstvu samo nejasno i kroz maglu,
kao kada bi gledali kroz ogledalo. Ali kada odemo u nebesko
kraljevstvo, mi ćemo razumeti jasno kao da smo sa njime licem u
lice.

U 1. Poslanici Korinćanima 13:12 čitamo: „Tako sad vidimo

kao kroz staklo, u zagonetki, a onda ćemo licem k licu; sad poznajem nešto, a onda ću poznati kao što sam poznat." Kada je Apostol Pavle napisao ovo Poglavlje Ljubavi to je bilo pre oko 2000. godina. Ogledala u tim vremenima nisu bila tako jasna kao ova današnja. Ona nisu pravljena od stakla. Oni su brušili srebro, bronzu ili čelik i polirali su metal da bi reflektovali svetlost. Zbog toga su ogledala bila mutna. Naravno, neki ljudi vide i osećaju nebesko kraljevstvo mnogo jasnije sa duhovnim očima koja su otvorena. Ipak, mi možemo da osetimo lepotu i radost Neba samo kroz maglu.

Kada mi uđemo u večno kraljevstvo neba kasnije, mi ćemo jasno videti svaki detalja kraljevstva i direktno ćemo ga osetiti. Mi ćemo naučiti o veličini, sili i lepoti Božjoj koja je izvan reči.

Ljubav je najveća između vere, nade i ljubavi

Vera je veoma važna u rastu naše vere. Mi možemo da budemo spašeni i da odemo na nebo samo kada imamo veru. Mi možemo da postanemo Božje dete samo sa verom. Zato što možemo da dostignemo spasenje, večni život i nebesko kraljevstvo sa verom, vera je veoma dragocena. I blago nad svim blagom je vera; vera je ključ za dobijanje odgovora na naše molitve.

Šta je sa nadom? Nada je takođe dragocena; mi ćemo zauzeti bolje mesto boravka na Nebu ako imamo nadu. Tako da, ako imamo veru mi ćemo sasvim prirodno imati i nadu. Ako mi zaista verujemo u Boga i Nebo i Pakao, mi ćemo imati nadu za Nebom. Takođe, ako mi imamo nadu, mi ćemo pokušati da postanemo posvećeni i da radimo odano za Božje kraljevstvo. Vera i nada su naveće sve dok ne dostignemo nebesko kraljevstvo. Ali 1. Poslanici Korinćanima 13:12 govori o ljubavi koja je najveća, zašto?

Prvo, vera i nada je ono što je potrebno samo za vreme života na ovoj zemlji, a samo duhovna ljubav ostaje u kraljevstvu nebeskom.

Na Nebu mi nećemo morati da verujemo u ništa što ne vidimo ili se nadamo zato što će tamo sve biti ispred naših očiju. Pretpostavimo da imate nekoga koga volite veoma mnogo ali niste ga videli nedelju dana ili šta više oko deset godina. Mi ćemo imati mnogo dublje i veće emocije kada se sretnemo sa njime posle deset godina. I sastanak sa njim, koji je nedostajao deset godina, da li će postojati kome će on još nedostajati?

Isto se dešava i sa našim hrišćanskim životom. Ako mi zaista imamo veru i volimo Boga, mi ćemo imati nadu koja raste kako vreme prolazi i kako naša vera raste. Nama će nedostajati Gospod mnogo više kako dani prolaze. Oni koji imaju nadu za Nebom na ovaj način neće reći da je teško čak iako oni idu teškim puten na ovoj zemlji, i oni neće biti poljuljani u nikakvim namerama. I kada dostignemo naše konačno odredište, nebesko kraljevstvo, nama više neće biti potrebna vera i nada. Ali ljubav ipak traje na Nebu večno, i zbog toga Biblija govori da je ljubav najveća.

Drugo, mi možemo da posedujemo Nebo sa verom, ali bez ljubavi, mi ne možemo da dođemo da najlepšeg mesta boravka,

Novog jerusalima.

Mi možemo čvrsto da se držimo nebeskog kraljevstva do mere da radimo sa verom i nadom. Do mere da možemo da živimo po Reči Božjoj, da odbacimo grehove i kultivišemo prelepo srce, nama će biti data duhovna vera u skladu sa merom ove duhovne vere, nama će biti data različita mesta boravka na Nebu. Raj, Prvo kraljevstvo Neba, Drugo kraljevstvo Neba, Treće kraljevstvo neba i Novi Jerusalim.

Raj je za one koji imaju veru samo da budu spašeni prihvativši Isusa Hrista. To znači da oni nisu uradili ništa za kraljevstvo Božje. Prvo kraljevstvo Neba je za one koji su pokušali da žive po Reči Božjoj nakon što su prihvatili Isusa Hrista. To je mnogo više lepše od Raja. Drugo kraljevstvo Neba je za one koji su živeli po Reči Božjoj sa svojom ljubavi prema Bogu i bili odani Božjem kraljevstvu. Treće kraljevstvo Neba je za one koji vole Boga do najvećeg stepena i koji su odbacili sve forme zla i postali posvećeni. Novi Jerusalim je za one koji imaju veru koja ugađa Bogu i koji su bili predani u celom Božjem domaćinstvu.

Novi Jerusalim je nebesko mesto boravka dato onoj deci Božjoj koja su kultivisala savršenu ljubav sa verom i to je kristal ljubavi. U stvari, niko osim Isusa Hrista, jedinog rođenog Sina Božjeg nema kvalifikacije da uđe u Novi Jerusalim. Ali mi ljudska bića takođe možemo da imamo kvalifikacije da tamo uđemo ako smo opravdani sa dragocenom krvi Isusa Hrista i posedujemo savršenu veru.

Da bi mi ličili na Isusa Hrista i da bi boravili u Novom Jerusalimu, mi moramo da pratimo put kojim je naš Gospod išao.

Taj put je ljubav. Samo sa ovom ljubavi mi možemo da uberemo devet voća Svetog Duha i Blaženstvo da bi bili vredni iskrene Božje dece koja imaju osobine Gospoda. Jednom kada dobijemo kvalifikacije kao iskrena Božja deca, mi dobijamo sve što smo tražili na ovoj zemlji, i mi ćemo imati tu privilegiju da možemo da koračamo sa Gospodom zauvek na Nebu. Prema tome, mi možemo da odemo na Nebo kada imamo veru, i možemo da odbacimo grehove kada imamo nadu. Iz ovog razloga vera i nada su odista neophodne, ali ljubav je najveća jer možemo da uđemo u Novi Jerusalim samo kada imamo ljubav.

„I ne budite nikome ništa dužni osim da ljubite jedan drugog; jer koji ljubi drugog zakon ispuni. Jer ovo: 'Ne čini preljube, ne ubij, ne ukradi, ne svedoči lažno, ne zaželi', i ako ima još kakva druga zapovest, u ovoj se reči izvršuje, to jest: 'Ljubi bližnjeg svog kao samog sebe.' Ljubav ne čini zla bližnjemu; dakle je ljubav izvršenje zakona.“

Poslanica Rimljanima 13:8

3. deo

Ljubav je ispunjenje zakona

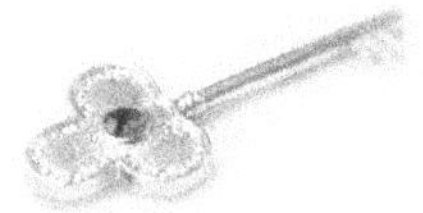

Poglavlje 1 : Ljubav Božja

Poglavlje 2 : Ljubav Hrista

Ljubav Božja

„I mi poznasmo i verovasmo ljubav koju Bog ima k nama.
Bog je ljubav, i koji stoji u ljubavi, u Bogu stoji i Bog u njemu
stoji.“

1. Jovanova Poslanica 4:16

Dok je radio sa Kuečua indijancima (Quechua Indians), Eliot se pripremao da dođe do po nasilnosti poznatog indijanskog plemena Huaorani. On i još četiri druga misionara, Ed Mek Kuli, Rodžer Jouderian, Piter Fleming i pilot Nejt Seint, su iz aviona uspostavili kontakt sa Huaorani indijancima koristeći megafon i korpu dsa bi dole poslali poklone. Posle nekoliko meseci Eliot je odlučio da napravi bazu nedaleko od indijanskog plemena uz reku Kuraraj. Nekoliko puta je njima prišla mala grupa Huaorani indijanaca a čak su i jednom avionom provozali jednog radoznalog Huaoiranca koga su oni zvali Džordž (njegovo pravo ime bilo je Naenkivi). Ohrabreni ovim prijateljskim susretima, oni su počeli da planiraju da posete Huaorane ali njihovi planovi su propali dolaskom veće grupe Huaroana koji su ubili Eliota i njegova četiri drugara januara 8-og 1956. god. Eliotovo unakaženo telo je nađeno nizvodno, zajedno sa telima ostalih ljudi osim tela Eda Mek Kulija.

Eliot i njegovi drugovi odmah su širom sveta postali poznati kao mučenici a magazin Lajf (Life) je na 10 stranica objavio članak o njihovoj misiji i smrti. Njima se pripisuje izazivanje interesovanja prema Hrišćanstvu među mladima iz tog perioda a i dalje se smatraju onima koji ohrabruju Hrišćanske misionare koji rade širom sveta. Nakon smrti svog supruga, Elizabet Eliot i drugi misionari počeli su da rade među Auka indijancima, gde su imali dubok uticaj i osvojili mnogo preobraćenika. Mnogo duše je osvojeno uz ljubav Božju.

Ljubav Božja

I ne budite nikome ništa dužni osim da volite jedan drugog; jer koji voli drugog zakon ispuni. Jer ovo: „Ne čini preljube, ne ubij, ne ukradi, ne svedoči lažno, ne zaželi," i ako ima još kakva druga zapovest, u ovoj se reči izvršuje, to jest: „Ljubi bližnjeg svog kao samog sebe." Ljubav ne čini zla bližnjemu; dakle je ljubav izvršenje zakona (Poslanica Rimljanima 13:10).

Najviši nivo ljubavi među svim vrstama ljubavi je ljubav Boga prema nama. Stvaranje svih stvari i ljudskih bića takođe proizilaze iz ljubavi Božje.

Bog je iz Svoje ljubavi stvorio sve stvari i ljudska bića

Na početku Bog je Sam obitavao u ogromnom prostoru univerzuma. Ovaj univerzum je drukčiji univerzum od onoga koga mi danas znamo. To je prostor koji nema početak ni kraj niti kakve granice. Sve stvari su učinjene po volji Božjoj i po onome što On čuva u Svom srcu. Onda, ako Bog ima sve što poželi, zašto je On stvorio ljudska bića?

On je hteo istinsku decu sa kojom bi mogao da podeli lepotu Svog sveta u kojoj je on uživao. On je hteo da deli prostor u kome je sve urađeno kako se poželi. Slično je i sa ljudskim razmišljanjem, mi bismo hteli da otvoreno delimo dobre stvari sa onima koje volimo. Uz ovu nadu Bog je isplanirao ljudsku kultivaciju kako bi dobio istinsku decu.

Kao svoj prvi korak, On je podelio univerzum na fizički svet i duhovni svet i stvorio nebesku vojsku i anđele, druga duhovna bića i sve neophodne stvari u duhovnom kraljevstvu. On je stvorio prostor za Sebe da obitava kao i Kraljevstvo nebesko gde će obitavati Njegova istinska deca i prostor gde će ljudska bića proći kroz kultivaciju. Nakon što je prošao nemerljiv period vremena, On je stvorio zemlju u fizičkom svetu zajedno sa suncem, mesecom, zvezdama i prirodnim okruženjem i svim što je potrebno za ljude da žive.

Postoji nebrojeno mnogo duhovnih bića oko Boga kao što su anđeli ali oni se bezuslovno povinuju, nešto kao roboti. Oni nisu bića sa kojima bi Bog mogao da podeli Svoju ljubav. Iz tog razloga je Bog stvorio čoveka po Svom liku kako bi dobio istinsku decu sa kojom bi mogao da podeli Svoju ljubav. Ako bi bilo moguće imati robote sa lepim licima koji bi se ponašali tačno tako kako bi vi želeli, da li bi oni mogli da zamene vašu decu? Iako vas vaša deca možda ne slušaju s vremena na vreme ona bi i dalje bila mnogo voljenija nego ti roboti jer bi ona mogla da osete vašu ljubav i da izraze njihovu ljubav prema vama. Isto je i sa Bogom. On je hteo istinsku decu sa kojom bi mogao da razmeni Svoje srce. Sa ovom ljubavlju, Bog je stvorio prvo ljudsko biće i to je bio Adam.

Nakon što je Bog stvorio Adama, On je stvorio vrt prema istoku na mestu koje se zvalo Eden i On je Adama odveo tamo. Edenski vrt je dat od strane Božje obzirnosti prema Adamu. To je tajanstveno predivno mesto gde cveće i drveće lepo rastu a ljupke životinje šetaju unaokolo. Voća ima svuda u izobilju. Ima povetaraca koji su tako nežni kao svila a trava ispusta šaputave zvuke. Voda sija kao kada se svetlost odbija od dragog kamenja. Čak i sa najbujnijom maštom čovek ne može u potpunosti da izrazi lepotu tog mesta.

Bog je takođe dao Adamu i pomagača čije ime je bilo Eva. To nije zato što se Adam lično osećao usamljeno. Bog je unapred razumeo Adamovo srce jer je i Bog dugo vremena bio usamljen. U najboljim uslovima za život datim od Boga, Adam i Eva su šetali sa Bogom i dugo, dugo vremena, su oni uživali autoritet kao gospodari svih životinja.

Bog je kultivisao ljudska bića kako bi od njih napravio svoju istinsku decu

Ali Adamu i Evi je falilo nešto da bi bili istinska deca Božja. Iako im je Bog u potpunosti dao svoju ljubav, oni nisu baš mogli da osete Božju ljubav. Oni su uživali u svemu što je dato od Boga, ali nije bilo ništa što su oni zaradili ili dobili ulažući svoj napor. Tako, oni nisu razumeli koliko je dragocena Božja ljubav i oni nisu bili zahvalni na onome što im je dato. Šta više, oni nikad nisu osetili smrt ili nesreću i oni nisu znali vrednost života. Oni nikad nisu doživeli mržnju, tako da nikad nisu razumeli istinsku vrednost ljubavi. Iako su oni čuli i znali o tome kao znanju koje se stiče mozgom, oni nisu mogli da osete pravu ljubav u svojim srcima zato što nikad nisu imali stvarno iskustvo iz prve ruke.

Razlog zbog koga su Adam i Eva Eva jeli sa drveta spoznaje dobra i zla leži ovde. Bog je rekao: „... jer onog dana kada budete jeli sa njega vi ćete sigurno umreti," ali oni nisu znali potpuno značenje smrti (Postanak 2:17). Zar Bog nije znao da će oni jesti sa drveta spoznaje dobra i zla? Jeste. On je znao, ali je i dalje dao Adamu i Evi slobodnu volju da naprave izbor u pokornosti. Ovde leži proviđenje ljudske kultivacije.

Kroz ljudsku kultivaciju, Bog je hteo da celo čovečanstvo okusi suze, tugu, bol, smrt i tako dalje tako da kada kasnije dođu na Nebo, oni će stvarno osetiti kako su vredne i dragocene nebeske stvari i oni će biti u mogućnosti da uživaju u istinskoj sreći. Bog je hteo da zauvek deli Svoju ljubav sa njima na Nebu, koje je, van svakog upoređenja, još lepše nego Edenski vrt.

Nakon što su se Adam i Eva oglušili od Reči Božje oni više nisu mogli da da žive u Edenskom vrtu. I pošto je Adam izgubio svoju autoritet kao gospodar svih stvorenja, sve životinje i biljke na planeti su takođe bile proklete. Zemlja je nekad imala izobilje i lepotu ali je takođe i prokleta. Sada proizvodi trnje i korov i čovek ne može više da ubere ništa bez napornog rada i znoja koji mu mu teče niz lice.

Iako Adam i Eva nisu poslušali Boga, On im je ipak napravio odeću od kože i obukao ih, jer su oni morali da žive u potpuno drugačijem okruženju (Postanak 3:21). Božje srce mora da je gorelo kao u roditelja koji su morali da na neko vreme oteraju svoju decu kako bi se pripremila za budućnost. Uprkos ovoj ljubavi Božjoj, ubrzo nakon što je počela ljudska kultivacija, ljudi su postali okaljani grehovima i oni su se vrlo brzo udaljili od Boga.

Ljubav Božja

Poslanica Rimljanima 1:21-23 kaže: „Jer kad poznaše Boga, ne proslaviše Ga kao Boga niti Mu zahvališe, nego zaludeše u svojim mislima, i potamne nerazumno srce njihovo. Kad se građahu mudri, poludeše, i pretvoriše slavu večnog Boga u obličje smrtnog čoveka i ptica i četvoro nožnih životinja i gmižućih stvorenja.“

Za ovaj grešni ljudski rod, Bog je pokazao svoje proviđenje i ljubav kroz izabrane ljude, Izrael. Sa jedne strane, dok su živeli po Reči Božjoj, On im je pokazao neverovatne znake i čuda i dao im velike blagoslove. Sa druge strane, kada bi se oni udaljili od Boga, obožavali idole i činili grehove, Bog je slao mnoge proroke da donesu Njegovu ljubav.

Jedan od tih proroka beše Osija, koji je bio aktivan u mračno doba nakon što je Izrael bio razdvojen na severni Izrael i južnu Judeju.

Jednoga dana dade Bog Osiji specijalnu naredbu govoreći: „Idi, oženi se kurvom, i rodi kopilad“ (Osija 1:2). Nije bilo zamislivo za pobožnog proroka da se oženi kurvom. Iako nije u potpunosti razumeo nameru Božju, Osija se povinovao Njegovoj Reči i za svoju ženu uzeo ženu po imenu Gomera.

Oni izrodiše troje dece, ali Gomera ode drugom čoveku prateći svoju pohotu. I pored toga, Bog je naredio Osiji da voli svoju ženu (Osija 3:1) Osija je nju tražio i kupio je sebi za petnaest sikala srebra i gomor i po ječma.

Ljubav Osijina prema Gomeri simbolizuje ljubav koju je Bog nama dao. A Gomera simbolizuje sve ljude koji su umrljani grehovima. Kao što je Osija za svoju ženu uzeo kurvu, Bog je prvo voleo one od nas koji smo bili umrljani grehovima na ovom svetu.

On je pokazao Njegovi bezgraničnu ljubav, nadajući se da će se svako okrenuti od puta smrti i postati njegovo dete Čak iako su se oni sprjateljili sa svetom i neko vreme sebe udaljili od Boga, On neće da kaže: „Vi ste Me napustili i Ja vas ne mogu opet prihvatiti." On samo želi da se svi vratimo Njemu i On to radi sa iskrenijim srcem nego roditelji koji čekaju da se vrate njihova deca koja su pobegla od kuće.

Bog je pripremio Isusa Hrista još pre vekova

Parabola o izgubljenom sinu u Jevanđelju po Luki 15 jasno pokazuje srce Boga Oca. Drugi sin koji je uživao život u izobilju kao dete nije imao zahvalno srce za svog oca niti je razumeo vrednost vrste života koji je živeo. Jednoga dana on je unapred tražio novac koji treba da nasledi. On je bio tipično razmaženo dete koje je tražilo novac koji treba da nasledi dok mu je otac bio živ.

Otac nije mogao da zaustavi svog sina zato što njegov sin nije nimalo razumeo srce roditelja i na kraju je dao svom sinu novac koji treba da nasledi. Sin je bio srećan i otišao je na putovanje. Očev bol je počeo tog dana. On se mnogo brinuo misleći: „Šta ako se povredi? Šta ako naleti na neke zle ljude?" Otac čak nije mogao ni da spava od brige za svog sina, gledao je u daljinu nadajući se da će se njegov sin vratiti.

Uskoro sinu je ponestalo novca i ljudi su počeli da ga

Ljubav Božja

maltretiraju. Bio je u tako groznoj situaciji da je hteo da utoli glad mahunama koje su jele svinje ali niko mu nije davao ništa. On se sada seti kuće svoga oca. On se vratio kući ali bilo mu je toliko žao da čak nije mogao ni glavu da podigne. Ali je otac potrčao prema njemu i poljubio ga. Otac ga nije krivio za ništa već je bio toliko srećan da mu je obukao najbolju odeću i da bi mu priredio zabavu zaklao je tele. Ovo je ljubav Božja. Ovo je moć Božja.

Božja ljubav nije data samo određenim ljudima u određeno vreme. 1. Timotiju Poslanica 2:4 kaže: „[Bog]koji hoće da se svi ljudi spasu i da dođu u poznanje istine." On sve vreme drži otvorene sve kapije spasenja i kad god se duša vrati Bogu, On svaku dušu dočekuje sa velikom radošću i veseljem.

Sa ovom ljubavlju Boga koji nas ne ostavlja do kraja, put je otvoren za svakog da primi spasenje. To je da je Bog pripremio Svog Jedinorodnog Sina Isusa Hrista. Kao što je napisano u Poslanici Jevrejima 9:22: „I gotovo sve se krvlju čisti po zakonu, i bez prolivanja krvi ne biva oproštenje," Isus je platio cenu grehova koju su grešnici trebali da plate, svojom dragocenom krvlju i svojim životom.

1. Jovanova Poslanica govori o ljubavi Božjoj kao što je zabeleženo: „Po tom se pokaza ljubav Božija k nama što Bog Sina svog Jedinorodnog posla na svet da živimo kroza Nj." Bog je dao da Isus prolije Svoju dragocenu krv kako bi iskupio čovečanstvo od svih njihovih grehova. Isus je bio razapet, ali je On nadvladao smrt i vaskrsnuo na treći dan zato što On nije imao greh. Kroz ovo

Ljubav: Ispunjenje Zakona

je otvoren naš put spasenja. Da nam da Svog Jedinorodnog Sina nije jednostavno kao što zvuči. Korejska poslovica kaže: „Roditelji ne osećaju bol čak i kad bi njihovi deci fizički stavili u njihove oči." Mnogi roditelji misle da je život njihove dece važniji od njihovih sopstvenih života.

Zato, čin Boga da da Svog Jedinorodnog Sina Isusa nam pokazuje najveću ljubav. Šta više Bog je pripremio Kraljevstvo nebesko za one koje je od zadobio nazad kroz krv Isusa Hrista. Kako je ovo velika ljubav! I pored toga Božja ljubav se ne završava ovde.

Bog nam je dao Svetog Duha da nas vodi na Nebo

Bog daje Sveti Duh kao dar onima koji prihvataju Isusa Hrista i prime oproštaj od grehova. Sveti Duh je srce Božje. Još od vremena vaznesenja Gospodnjeg, Bog je poslao Pomoćnika, Duha Svetoga u naša srca.

U Poslanici Rimljanima 8:26-27 čitamo: „A tako i Duh pomaže nam u našim slabostima: jer ne znamo za šta ćemo se moliti kao što treba, nego Sam Duh moli se za nas uzdisanjem neiskazanim. A Onaj što ispituje srca zna šta je misao Duha, jer po volji Božjoj moli se za svete."

Kada mi grešimo, Sveti Duh nas vodi ka pokajanju uzdisaja neiskazanih. Onima koji imaju slabu veru, On daje veru; onima koji nemaju nadu On daje nadu. Baš kao što majke nežno čuvaju i brinu se o svojoj deci, On nam daje Njegov glas tako da mi ne bi

Ljubav Božja

bili povređeni ili oštećeni na bilo koji način. Na ovaj način On nam dozvoljava da upoznamo srce Boga koji nas voli, i On nas vodi ka Kraljevstvu nebeskom.

Ako mi duboko razumemo ovu ljubav, mi ne možemo drukčije nego da Bogu uzvratimo ljubav. Ako mi volimo Boga svojim srcem, On na uzvraća ogromnom i neverovatnom ljubavlju koja će nas preplaviti. On nam daje zdravlje i On će nas blagosloviti da nam sve dobro ide. On ovo čini zato što je to zakon duhovnog kraljevstva i što je još važnije, to je zato što On želi da mi osetimo Njegovu ljubav kroz blagoslove koje dobijamo od Njega. „Ja volim one koji mene vole, i koji me predano traže nalaze me" (Poslovice 8:17).

Šta ste vi osetili kada ste prvi put sreli Boga i primili isceljenje ili rešenja za razne probleme? Vi mora da ste osetili da Bog voli čak i grešnike poput vas. Verujem da mora da ste iz srca posvedočili: „Kad bi ceo okean napunili mastilom a da nebo postane pergament, da bi ispisali ljubav Božju, mi bi isušili okean." Takođe ja verujem da ste vi preplavljeni ljubavlju Božjom koji vam je dao večno Nebo u kome nema brige, nema tuge, nema bolesti, nema razdvajanja i nema smrti.

Mi u početku nismo voleli Boga. Bog je prvi prišao nama i pružio nam ruku. On nas nije voleo zato što smo mi zaslužili da budemo voljeni. Bog nas toliko voli da da je On dao Svog Jedinorodnog Sina za nas koji smo grešnici i osuđeni na smrt. On voli sve ljude i On brine o nama sa ljubavlju većom nego bilo koja

Ljubav: Ispunjenje Zakona

ljubav majke koja ne može da zaboravi porod svoj (Isaija 49:15). On čeka na nas kao da je hiljadu godina ništa nego jedan dan.

Božja ljubav je istinska ljubav koja se ne menja čak i kad vreme prolazi. Kada mi kasnije odemo na Nebo, naše vilice će pasti na zemlju nakon što vidimo predivne krune, lepu blistavu odeću i nebeske kuće napravljene od zlata i dragog kamenja, koje je Bog pripremio za nas. On nam daje nagrade i darove čak i za vreme našeg zemaljskog života ovde i On revnosno čeka na dan kada će biti sa nama u Njegovoj večnoj slavi. Hajde da osetimo Njegovu veliku ljubav.

Ljubav Hrista

„*...i živite u ljubavi, kao što je i Hristos ljubio nas, i predade*

Sebe za nas u prilog i žrtvu Bogu na slatki miris. "

Poslanica Efežanima 5:2

Ljubav ima veliku moć da nemoguće učini mogućim. Naročito, ljubav Božja i ljubav Gospoda su zaista neverovatne. Ona može da okrene nesposobne ljude koji nisu sposobni da u stvari urade ništa u one sposobne koji mogu da učine sve. Kada nepismeni pecaroši, poreznici koji su ranije osuđivani grešnici, siromašni, udovice i ostali zanemareni ljudi ovoga sveta upoznaju Gospoda, njihovi životi se u potpunosti promene. Njihova moć i bolest su razrešene, i oni osećaju iskrenu ljubav koju nikada ranije nisu osetili. Oni su sebe smatrali bezvrednim, ali oni su ponovo rođeni kao veličanstveni instrumenti Božji. Ovo je moć ljubavi.

Isus je došao na ovu zemlju ostavivši svu nebesku slavu

U početku Bog je bio Reč i Reč je došla dole na ovu zemlju u ljudskom telu. To je Isus jedini rođeni Sin Božji. Isus je došao dole na ovu zemlju da spasi gresima okovano ljudstvo koje je išlo na put smrti. Ime „Isus" znači: „On koji će da spasi Svoj narod od njihovih grehova" (Jevanđelje po Mateju 1:21).

Svi ovi grehovima zaprljani ljudi nisu postali mnogo različitiji od životinja (Knjiga Propovednika 3:18). Isus je rođen u štali životinja da iskupi ljude koji su ostavili da rade to što su radili i nisu bili bolji od životinja. On je položen u jasle namenjene za prehranu stoke da bi postao iskrena hrana za takve ljude (Jevanđelje po Jovanu 6:51). To je bilo da bi dozvolio ljudima da povrate izgubljeni lik Božji i da im dozvoli da urade svoje potpune dužnosti.

Takođe, Jevanđelju po Mateju 8:20 kaže: „Lisice imaju jame i ptice nebeske gnezda; a Sin čovečiji nema gde glave zakloniti." Kao što je rečeno, On nije imao mesto gde da spava, i On je morao da ostane noću na polju dok je išao po hladnoći i kiši. On je išao bez

185

hrane i bio je mnogo puta gladan. To nije bilo zbog toga zato što je On bio nesposoban. To je bilo da bi nas iskupio od siromaštva. 2. Poslanica Korinćanima 8:9 govori: „Jer znate blagodat Gospoda našeg Isusa Hrista da, bogat budući, vas radi osiromaši, da se vi Njegovim siromaštvom obogatite.“

Isus je započeo Njegovo javno službovanje sa znakom kada je vino napravio od vode na svadbenom banketu Kana. On je propovedao kraljevstvo Božje i izvodio je mnogo znakova i čuda u području Judeje i Galileje. Mnogi bolesni od lepre su bili isceljeni, hromi su mogli da ustanu i da poskakuju, i oni koji su patili od posedovanja demonima su bili oslobođeni od sile tame. Čak i osoba koja je bila mrtva četiri dana i gde je izlazio neprijatan miris iz grobnice postala je živa (Jevanđelje po Jovanu 11).

Isus je manifestvovao tolike neverovatne stvari za vreme Njegovog službovanja da bi dao ljudima da razumeju ljubav Božju. Šta više, biti jedan u poreklu sa Bogom i Reč sama, On je održavao Zakon u potpunosti da bi nama postavio najbolji primer. Takođe, samo zato što je održavao Zakon, On nije osuđivao one koji su kršili Zakon ili bi ih stavljao u smrt. On je samo učio ljude istini kako bi se makar jedna duša pokajala i dobila spasenje.

Da je Isus merio svakoga striktno u skladu sa Zakonom, niko ne bi bio u mogućnosti da dobije spasenje. Zakon je zapovest Božja koji nam govori šta treba da uradimo, šta ne, šta da odbacimo i da održimo određene stvari. Na primer, postoje takve zapovesti kao što su: „održavajte Sabat svetim; ne priželjkuj domaćinstvo vašeg komšije; poštuj svoje roditelje i odbaci sve vrste zla. Poslednje odredište svih zakona je ljubav. Ako vi održavate sve odredbe i zakone, vi možete da praktikujete ljubav, makar sa spolja.

Ljubav: Ispunjenje Zakona

Ali ono što Bog želi od nas nije samo da održavamo zakon u našim delima. On želi da mi praktikujemo zakon sa ljubavi u našim srcima. Isus je znao ovo srce Boga veoma dobro i ispunio je Zakon sa ljubavi. Jedan od najboljih primera je slučaj žene koja je bila uhvaćena u samom činu preljubništva (Jevanđelje po Jovanu 8). Jednog dana, pisari i fariseji doveli su ženu koja je bila uhvaćena u sceni preljube, stavili su je u centar ljudi i pitali Isusa: „A Mojsije nam u zakonu zapovedi da takve kamenjem ubijamo; a Ti šta veliš?" (Jevanđelje po Jovanu 8:5)

Oni su ovo rekli jer nisu mogli da pronađu osnove da bi izneli optužbe protiv Isusa. Šta mislite da je žena osećala tog momenta? Ona mora da se osećala veoma osramoćeno zato što je njen greh bio otkriven ispred svih, i ona mora da se tresla od straha jer je trebala da bude kamenovana do smrti. Da je Isus rekao: „Kamenujte je," njen život bi došao do kraja jer bi bila gađana sa mnogo kamenja koje bi bacali na nju.

Isus međutim nije rekao da je kazne u skladu sa Zakonom. Umesto toga, On se sagnuo dole i počeo je da piše nešto po zemlji sa Njegovim prstom. Bila su to imena grehova koje su svi ti ljudi tamo počinili. Nakon što je čuo njihove grehove, On je ustao i rekao: „Koji je među vama bez greha neka najpre baci kamen na nju" (stih 7). Onda, On se sagnuo još jednom i počeo je da piše nešto.

Ovaj put, On je napisao grehove svake osobe, kao da ih je On video kada su, gde, i kako svako od njih počinili svoj greh. Oni koji su osetili mučninu u savesti počeli su da napuštaju mesto jedan po jedan. Na kraju, ostao je samo Isus i žena. Sledeći stihovi 10 i 11 govore: „A kad se Isus ispravi, i ne videvši ni jednog do samu ženu, reče joj: 'Ženo! Gde su oni što te tužahu? Nijedan te ne osudi?' A ona reče: 'Nijedan, Gospode!' A Isus joj reče: 'Ni ja te ne osuđujem. Idi. I odsele više ne greši.'"

Ljubav Hrista

Zar nije žena znala da je smrt zbog preljube kamenovanje do smrti? Naravno da jeste. Ona je znala Zakon ali je počinila greh zato što nije mogla da prevaziđe svoju želju. Ona je samo čekala da bude stavljena u smrt zato što je njen greh bio otkriven, i kako je iskusila neočekivani oprost od Isusa, koliko je samo ona bila dirnuta! Sve dok se prisećala Isusove ljubavi, ona nije više mogla da počini greh ponovo.

Pošto je Isus sa Njegovom ljubavi oprostio ženi koja je prekršila Zakon, da li Zakon zastareva sve dok imamo ljubavi za Boga i naše komšije? Ne zastareva. Isus govori: „Ne mislite da sam Ja došao da pokvarim Zakon ili Proroke; Ja nisam došao da pokvarim, nego da ispunim" (Jevanđelje po Mateju 5:17).

Mi možemo da praktikujemo volju Boga mnogo savršenije zato što imamo Zakon. Ako neko samo kaže da voli Boga, mi ne možemo da izmerimo koliko je duboka i mudra njegova ljubav. Međutim, mera njegove ljubavi može biti proverena zato što imamo Zakon. Ako on zaista voli Boga svim svojim srcem, on će definitivno održavati Zakon. Za takvu osobu, nije teško da održava Zakon. Šta više, do mere da na pravičan način održava Zakon, on će dobiti Božju ljubav i blagoslove.

Ali legalisti u vreme Isusa nisu bili zainteresovani za ljubav Božju sadržanu u Zakonu. Oni se nisu obazirali na to da načine njihova srca svetim, već su se samo pridržavali formalnosti. Oni su se osećali zadovoljno i čak su bili ponosni kada su Zakon spoljašno održavali. Oni su mislili da su održavali Zakon i ipak su odmah osuđivali i optuživali one koji su kršili Zakon. Kada je Isus objašnjavao iskreno značenje sadržano u zakonu i učio o srcu Božjem, oni su rekli da je Isus grešio i da su ga opsedali demoni.

Zato što Fariseji nisu imali ni malo ljubavi, održavanje Zakona nije koristilo ni malo njihovim dušama (1. Korinćanima Poslanica 13:1-3). Oni nisu odbacili zlo u njihovim srcima već su samo širili

Ljubav: Ispunjenje Zakona

optužbe i osude prema drugima i na taj način su sebe još više udaljili od Boga. Na kraju, oni su počinili greh što su razapeli Sina Božjeg, koji ne može biti vraćen.

Isus je ispunio proviđenje Krsta u povinovanju sve do smrti

Kako se kraj Njegovog trogodišnjeg službovanja bližio, Isus je otišao na planinu maslina odmah pre nego što je Njegova patnja počela. Kako je noć sve više postajala dublja, Isus se molio iskreno suočavajući se sa raspećem ispred Njega. Njegova molitva je bio krik da spase sve duše kroz Njegovu krv koja je bila potpuno nevina. Bila je to molitva da traži moć da bi prevazišao patnju na krstu. On se molio još iskrenije, a Njegov znoj je bio kao kapi krvi koje su padale na zemlju (Jevanđelje po Luki 22:42-44).

U toj noći, Isus je bio uhvaćen od vojnika i vođen je od mesta do mesta na ispitivanja. Na kraju On je dobio smrtnu kaznu na dvoru Pilata. Rimski vojnici su mu stavili krunu na glavu, pljuvali su na Njega, i udarali su ga pre nego što su ga odveli na mesto pogubljenja (Jevanđelje po Mateju 27:28-31).

Njegovo telo bilo je prekriveno krvlju. On je bio ismevan i šiban celu noć, i sa ovim Njegovim telom on je do Golgote nosio Njegov drveni krst. Velika masa ljudi je pratila Njega. Oni su Njega jednom dočekivali uzvikujući: „Hosana“ (Pomozi) a sada su postali gomila koja viče „Razapnite Njega.“ Isusovo lice je bilo prekriveno krvlju toliko mnogo da je bio neprepoznatljiv. Sva Njegova snaga je bila izmučena zbog bolova koje su uzrokovali mučenje i bilo je veoma teško za Njega da napravi makar jedan korak napred.

Kada je stigao do Golgote, Isus je bio razapet da bi nas iskupio od grehova. Da bi nas iskupio, koji smo bili pod kletvom zakona koji govori da je plata za greh smrt (Poslanica Rimljanima 6:23), On je nosio drveni krst i prolio je Njegovu krv. On je oprostio nama naše grehove koje smo počinili sa našim mislima dok je nosio krunu na Njegovoj glavi. Njemu su probijeni ekseri na Njegovim rukama i nogama da bi oprostio nama naše grehove koje smo počinili sa rukama i nogama.

Budalasti ljudi koji nisu znali ovu činjenicu ismevali su se i podsmevali Isusu koji je visio na krstu (Jevanđelje po Luki 23:35-37). Ali čak i u nezamislivom boli, Isus se molio za oproštaj onih koji su Njega razapeli kao što je zapisano u Jevanđelju po Luki 23:34: „Oče! Oprosti im; jer ne znadu šta čine."

Razapeće je jedno od najoholijih metoda pobugbljenja. Jedan osuđenik mora da pati od većih bolova i mnogo duže nego drugi osuđenici. Ruke i Noge su probijeni ekserima i meso se razdvaja. Tu postoji teško dehidriranje i poremećaj u cirkulaciji krvi. Ovo uzrokuje sporo pogoršanje funkcija unutrašnjih organa. Dok pati u pogubljenju on takođe i pati od bolova koje stvaraju insekti koji dolaze zbog mirisa krvi.

Šta vi mislite šta je Isus mislio dok je bio na krstu? Nije mislio na bol Njegovog tela za vreme pogubljenja. Već umesto toga On je mislio na razlog zašto je Bog stvorio čoveka, značenju kultivisanja ljudi na ovoj zemlji i razlog zašto je On morao da žrtvuje Sebe kao proporciju za ljudski greh i ponudio je Njegove iskrene molitve zahvalnosti.

Nakon što je Isus patio od bolova šest sati na krstu, On je rekao: „Žedan sam" (Jevanđelje po Jovanu 19:28). To je bila duhovna žeđ, što je žeđ da se osvoje duše koje idu ka putu smrti. Misleći na mnoge duše koje će živeti na ovoj zemlji u budućnosti, On je tražio od nas da prenesemo poruku sa krsta i da spasemo duše.

Isus konačno govori; „Svrši se!" (Jevanđelje po Jovanu 19:30) i onda izdahnu zadnji dah nakon što je rekao: „Oče! U ruke Tvoje predajem duh Svoj" (Jevanđelje po Luki 23:46). On je predao Njegov duh u ruke Boga jer je završio Njegovu dužnost u otvaranju puta ka spasenju celog ljudstva postajući Sam žrtva. Bilo je to delo gde je delo najveće ljubavi ispunjeno.

Od tada, zid greha koji je stojao između nas i Boga se srušio, i nama je omogućeno da komuniciramo direktno sa Bogom. Pre toga, najviši sveštenik je morao da ponudi žrtvu za oproštaje od grehova u ime naroda, ali to više nije tako. Svako ko veruje u Isusa Hrista može da dođe u sveti hram Božji i da direktno služi Bogu.

Isus priprema nebeska mesta boravka sa Njegovom ljubavi

Pre nego što je uzeo krst, Isus je rekao svojim učenicima o stvarima koje će se desiti. On je njima rekao da će morati da uzme krst kako bi ispunio proviđenje Oca Boga, ali učenici su ipak bili zabrinuti. Sada On im je objasnio o nebeskim mestima boravka da bi im ugodio.

Jevanđelje po Jovanu 14:1-3 govori: „Da se ne plaši srce vaše, verujte Boga, i Mene verujte. Mnogi su stanovi u kući Oca Mog. A da nije tako, kazao bih vam; idem da vam pripravim mesto. I kad otidem i pripravim vam mesto, opet ću doći, i uzeću vas k sebi da i vi budete gde sam ja." U stvari, On je prevazišao smrt i vaskrsao, i uzdigao se na nebo iz pogleda mnogih ljudi. Bilo je to tako da bi On mogao da pripremi nebeska mesta boravka za nas. Onda, šta se misli pod ovime: „Idem da pripremim nebeske stanove za vas?"

1. Jovanova Poslanica 2:2 govori: „...i On očišća grehe naše, i ne samo naše nego i svega sveta." Kao što je rečeno, da svako može da

Ljubav Hrista

poseduje Nebo sa verom, zato što je Isus uništio zid grehova između Boga i nas.

Takođe, Isus je rekao: „U kući moga Oca mnogo je stanova,“ i to nam govori da On želi da svi dobiju spasenje. On nije rekao da tamo postoje mnoga mesta boravka na „Nebu“ već „U kući Moga Oca“ zato što mi možemo da Boga zovemo „Ava Oče“ kroz dela dragocene krvi Isusa.

Gospod se još uvek zalaže za nas neprestano. On se iskreno moli ispred prestola Božjeg bez da jede i da pije (Jevanđelje po Mateju 26:29). On se moli kako bi mi pobedili u borbi u ljudskoj kultivaciji na ovoj zemlji i objavili slavu Božju čineći da naše duše napreduju.

Šta više, kada se dogodi Sud Velikog Belog prestola nakon što se ljudska kultivacija završi, On će i dalje raditi za nas. U sudnici će svakome biti data osuda bez i najmanje greške za ono što je svako od nas učinio. Ali Gospod će biti advokat Božjoj deci i zadovoljan i govoriće: „Ja sam oprao njihove grehove Mojom krvi“ tako da oni mogu da dobiju bolje mesto boravka i nagrade na Nebu. Zato što je On došao ovde na zemlju i iz prve ruke iskusio kroz šta ljudstvo prolazi, On će govoriti za čoveka kao jedan advokat. Kako mi možemo potpuno da razumemo ovu ljubav Hrista?

Bog nam dozvoljava da vidimo Njegovu ljubav kroz Njegovoj jedinog rođenog Sina Isusa Hrista. Ova ljubav je ljubav sa kojom Isus nije štedeo čak ni prolivanje poslednje kapljice Njegove krvi zbog nas. To je bezuslovna i nepromenljiva ljubav sa kojom On može da nam oprosti i čak sedamdeset puta sedam. Ko može da nas odvoji od ove ljubavi?

U Poslanici Rimljanima 8:39-39, Apostol Pavle objavljuje: „Jer znam jamačno da ni smrt, ni život, ni anđeli, ni poglavarstva, ni sile, ni sadašnje, ni buduće, ni visina, ni dubina, ni druga kakva tvar može nas rastaviti od ljubavi Božije, koja je u Hristu Isusu, Gospodu našem."

Apostol Pavle je shvatio ovu ljubav Boga i ljubav Hrista, i on se odrekao svojeg života u potpunosti da bi se povinovao volji Božjoj i da bi živeo kao Apostol. Šta više, On nije štedeo svoj život u evangelizaciji nejevreja. On je praktikovao ljubav Božju koja vodi mnoge duše ka putu spasenja.

Čak iako je bio nazvan „kolovođa Nazaretskih jeresa," Pavle je posvetio svoj život kao propovednik. On je širio celom svetu ljubav Božju i ljubav Gospoda koja je dublja i šira od bilo koje mere. Ja se molim u ime Gospoda da vi postanete iskrena Božja deca koja ispunjavaju Zakon sa ljubavlju i da zauvek boravite u najlepšem mestu boravka Novom Jerusalimu, deleći ljubav Božju i Hristovu ljubav zajedno.

Autor:
Dr. Džerok Li

Dr. Džerok Li je rođen u Muanu, Džeonam provinciji, Republika Koreja, 1943. god. U svojim dvadesetim, Dr. Li je sedam godina patio od mnoštva neizlečivih bolesti i iščekivao smrt bez nade za oporavak. Jednog dana u proleće 1974. god, njegova sestra ga je odvela u crkvu i kad je kleknuo da se pomoli, Živi Bog ga je momentalno izlečio od svih bolesti.

Od trenutka kad je Dr. Li sreo živog Boga kroz to divno iskustvo, on je zavoleo Boga svim svojim srcem i iskrenošću, a u 1978. god., je pozvan da bude sluga Božji. Molio se revnosno uz nebrojene molitve u postu kako bi mogao jasno da razume volju Božju, u potpunosti je ispuni i posluša Reč Božju. Godine1982. je osnovao Manmin centralnu crkvu u Seulu, Koreja i bezbrojna dela Božja uključujući čudesna isceljenja, znaci i čuda se dešavaju u njegovoj crkvi.

U 1986. god. Dr. Li je zareden za pastora na godišnjem Zasedanju Isusove Sungkjul crkve Koreje, i četiri godine kasnije u 1990.god. njegove propovedi su počele da se emituju u Australiji, Rusiji i na Filipinima. U kratkom vremenskom periodu i mnogim drugim zemljama je bio dostupan preko Radio difuzne kompanije Daleki Istok, Azija radio difuzne kompanije i Vašingtonskog hrišćanskog radio sistema.

Tri godine kasnije, 1993.god., Manmin centralna crkva je izabrana za jednu od „Svetskih top 50 crkava" od strane magazina Hrišćanski svet (Christian World) (SAD), a on je primio počasni doktorat bogoslovlja od Koledža hrišćanske vere, Florida, SAD i 1996.god. iz Službe od Kingsvej teološke bogoslovije, Ajova, SAD.

Od 1993.god., dr. Li prednjači u svetskoj evangelizaciji kroz mnogo inostranih pohoda u Tanzaniji, Argentini, Los Anđelesu, Baltimoru, Havajima i Nju Jorku u Sjedinjenim Američkim Državama, Ugandi, Japanu, Pakistanu, Keniji, Filipinima, Hondurasu, Indiji, Rusiji, Nemačkoj, Peruu, Demokratskoj Republici Kongo, Izraelu i Estoniji.

U 2002-oj godini bio je priznat od strane glavnih hrišćanskih novina kao „svetski obnovitelj" zbog svojih moćnih službovanja u mnogim prekomorskim pohodima. Naročito njegov „Pohod u Njujork 2006. god." održan u Medison skver gardenu (Madison Square Garden), najpoznatijoj areni na svetu. Događaj je emitovan za 220 nacije a na njegovom „Ujedinjenom pohodu u Izrael 2009. god."

održanom i Međunarodnom konvencionalnom centru (International Convention Center (ICC)) u Jerusalimu on je hrabro izjavio da je Isus Mesija i Spasitelj.

Njegove propovedi emitovane su za 176 nacija putem satelita uključujući GCN TV i bio je svrstan kao jedan od „Top 10 najuticajnijih hrišćanskih vođa" 2009-e i 2010-e godine od strane popularnog Ruskog hrišćanskog časopisa U pobedu (In Victory) i novinske agencije Hrišćanski telegraf (Christian Telegraph) za njegovu moćnu svešteničku službu TV emitovanja i njegove inostrane crkveno pastorske službe.

Od jula 2013.god., Manmin Centralna Crkva ima zajednicu od preko 120 000 članova. Postoji 10 000 ogranaka crkve širom planete uključujući 56 domaćih ogranaka crkve, i do sad više od 125 misionara su opunomoćena u 23 zemlje, uključujući Sjedinjene Države, Rusiju, Nemačku, Kanadu, Japan, Kinu, Francusku, Indiju, Keniju i mnoge druge.

Do datuma ovog izdanja Dr. Li je napisao 87 knjige, uključujući bestselere: Probanje večnog života pre smrti, Moj život, moja vera I i II, Poruka sa krsta, Mera vere, Raj I& II, Pakao, Probuđeni Izrael i Moć Božja. Njegove knjige su prevedene na više od 75 jezika.

Njegove Hrišćanski rubrike se pojavljuju u Hankok Ilbo, JongAng dnevniku, Dong-A Ilbo, Munhva Ilbo, Seul Šinmunu, Kjunghjang Šinmun, Korejski ekonomski dnevnik, Koreja glasnik, Šisa vesti i Hrišćanskoj štampi.

Dr. Li je trenutno na čelu mnogih misionarskih organizacija i udruženja U tu poziciju spadaju: Predsedavajući, Ujedinjene svete crkve Isusa Hrista; predsednik, Manmin svetska misija; stalni predsednik, Udruženje svetske hrišćanske preporodne službe; osnivač i predsednik odbora, Globalna hrišćanska mreža (GCN); osnivač i član odbora, Mreža svetskih hrišćanskih lekara (WCDN); i osnivač i član odbora, Manmin internacionalna bogoslovija (MIS).

Raj I & II

Detaljna skica predivne životne okoline u kojoj rajski stanovnici uživaju i prelepi opisi različitih nivoa nebeskih kraljevstva.

Poruka sa Krsta

Moćna probuđujuća poruka za sve ljude koji su duhovno uspavani! U ovoj knjizi naći ćete razlog da je Isus jedini Spasitelj i iskrenu ljubav Božju.

Pakao

Iskrena poruka celom čovečanstvu od Boga, koji ne želi da ijedna duša padne u dubine Pakla! Otkrićete nikad do sad otkriveni iskaz o okrutnoj stvarnosti Nižeg Hada i Pakla.

Duh, Duša i Telo I & II

Vodič koji nam daje duhovno objašnjenje duha, duše i tela i pomaže nam da pronađemo kakvog „sebe" smo mi načinili da bi mogli da dobijemo moć da pobedimo mrak i postanemo duhovna osoba.